Stair na Gaeilge

Stair na Gaeilge
Litríocht agus Teanga

Donncha Ó Riain

Gill & Macmillan

Gill & Macmillan Ltd
Droichead Órga
Baile Átha Cliath 8
agus cuideachtaí comhlachta ar fud an domhain

© Donncha Ó Riain 1996
0 7171 2365 0

Clóchuradóireacht bhunaidh arna dhéanamh in Éirinn ag
Peanntrónaic Teo., Baile Átha Cliath

Gach ceart ar cosaint. Ní ceadmhach aon chuid den fhoilseachán seo a atáirgeadh, a chóipeáil nó a tharchur i gcruth ar bith nó ar dhóigh ar bith gan cead scríofa a fháil ó na foilsitheoirí ach amháin de réir choinníollacha cheadúnas ar bith a cheadaíonn cóipeáil theoranta arna eisiúint ag Gníomhaireacht Cheadúnaithe Cóipchirt na hÉireann, Lárionad Scríbhneoirí na hÉireann, 19 Cearnóg Parnell, Baile Átha Cliath 1.

Clár

1	An Ghaeilge mar Theanga Cheilteach	1
2	Forás na Gaeilge	3
3	Stair Shóisialta na Gaeilge	9
4	Litríocht na Sean-Ghaeilge	14
5	An Fhiannaíocht	18
6	Filíocht na mBard	22
7	Prós na Seachtú hAoise Déag	25
8	An tAmhrán agus an Aisling	28
9	Saothrú na Gaeilge sa Naoú hAois Déag	33
10	An Ghaeilge san Fhichiú hAois	37
11	Béaloideas na Gaeilge	40
12	Litríocht na hAthbheochana, 1882–1940	43
13	Prós-Scríbhneoirí na Linne Seo	49
14	Filí na Linne Seo	57

1
An Ghaeilge mar Theanga Cheilteach

Mar aon le formhór na dteangacha eile san Eoraip, is teangacha *Ind-Eorpacha* iad na teangacha Ceilteacha. Mhair na hInd-Eorpaigh in oirdheisceart na hEorpa na mílte bliain ó shin. Nuair a scaip treibheanna ar fud na hEorpa, d'fhás na canúintí, agus le himeacht aimsire tháinig teangacha de gach saghas ar an bhfód. Tháinig treibheanna Ceilteacha anoir, mar tá an fhianaise ann go raibh siad lonnaithe thart ar uachtar na Danóibe am éigin tar éis na bliana 2000 R.Ch. Sa chúigiú haois R.Ch. bhí na Ceiltigh, a raibh cultúr Iarnaoiseach bainte amach acu, in airde a réime. Uaidh sin amach scaipeadh iad ar fud na hEorpa, mar go bhfuair na treibheanna Gearmánacha agus impireacht na Róimhe an lámh in uachtar orthu. Sheas siad an fód sa Ghaill (an Fhrainc inniu) go dtí go bhfuair na Rómhánaigh forlámhas inti sa chéad aois R.Ch.

Iarsmaí Ceilteacha

Cé go dtagtar ar iarsmaí—airm, seoda, srl.—a léiríonn go raibh na Ceiltigh i réim i lár na hEorpa tráth, is beag díobh atá ar marthain. Tá logainmneacha ann, ar ndóigh, a bhfuil bonn Ceilteach leo. Mar shampla, foirmeacha de 'Lú-dhún' atá sna hainmneacha Lyon agus Leiden. Dia Ceilteach ba ea Lú, agus tá scéalta faoi i miotais na Gaeilge. Tá an focal Gaeilge 'caladh' le feiceáil go soiléir san ainm Calais; agus deir na saineolaithe gur focail Cheilteacha iad Wien (Vienna), Bonn, Brugge (Bruges), Gent, srl. Tá inscríbhinní Ceilteacha freisin ar leachtanna cuimhneacháin agus tagairt do na Ceiltigh i litríocht na nGréagach agus na Rómhánach.

An Q-Cheiltis agus an P-Cheiltis

Ba é ceann de na canúintí Ceilteacha a thug na Gaeil go hÉirinn timpeall na bliana 300 R.Ch. Tugtar an *Q-Cheiltis* ar an teanga sin, mar le himeacht aimsire d'úsáid na Gaeil fuaim na litreach **c** (nó **q**) in áit an **p** atá sa Bhreatnais. Ar ndóigh, tá cosúlacht mhór idir an Ghaeilge agus Gaeilge na hAlban agus an Mhanainnis, mar bhí na Gaeil i réim sna tíortha sin tráth. (D'éag an Mhanainnis san fhichiú haois.)

Thug na Ceiltigh a chuaigh go dtí an Bhreatain teanga leo a dtugtar an *P-Cheiltis* uirthi. Is é sin le rá, bhí fuaim na litreach **p** á húsáid sa chanúint a bhí acu. Am éigin sa chúigiú haois b'éigean dóibh cúlú siar go dtí an Bhreatain Bheag agus Corn na Breataine, mar bhrúigh na hAngla-Sacsanaigh siar iad. D'imigh cuid acu thar sáile go dtí an Bhriotáin, agus sin an fáth a bhfuil gaol mór ag teangacha P-Ceilteacha na Breataine Bige (an Bhreatnais) agus na Briotáine (an Bhriotáinis) lena chéile. (Fuair an Choirnis bás san ochtú haois déag.)

Rian na Ceiltise ar an nGaeilge

Is léir difríocht bhunúsach amháin idir an Ghaeilge agus an Bhreatnais. Mar shampla, tá 'ceathair', 'ceann', 'mac' agus 'clann' sa Ghaeilge in ionad 'pedwar', 'pen', 'mab' agus 'plant' sa Bhreatnais. Cruthaíonn an difríocht sin gur teangacha Ceilteacha iad.

Bhí córas uraithe (an *t-urú*) i gCeiltis na Mór-roinne, agus tá sé fós ann sa Ghaeilge. Bíonn *séimhiú* sa Ghaeilge ar ainmfhocal baininscneach sa tuiseal ainmneach, m.sh. 'an chistin'. Bíonn séimhiú go minic freisin ag tús focail tar éis ghuta, m.sh. 'ní bheidh'. Bhí an córas sin ann i gCeiltis na Mór-roinne.

Tá foirm ar leith ag forainmneacha réamhfhoclacha na Gaeilge, m.sh. 'liom' (le + mé), 'agat' (ag + tú). B'shin mar a bhí an scéal i gCeiltis na Mór-roinne.

D'athraigh an briathar sna teangacha Ind-Eorpacha chun *aimsir, uimhir* agus *pearsa* a chur in iúl. Sa Ghaeilge deirtear 'cuirim', 'chuirfinn', 'go gcuire sé', srl. Ar ndóigh, is teanga Ind-Eorpach í an Ghaeilge.

Tá na tuisil sa Ghaeilge fós mar atá siad sa Laidin. Bhí siad mar an gcéanna sna teangacha Ind-Eorpacha eile tráth.

Mar aon le focail fhirinscneacha agus bhaininscneacha bhíodh ainmfhocail neodracha sa tSean-Ghaeilge, agus leanadh urú iad, m.sh. Sliabh gCuillinn, Dál gCais. Bhíodh an neodar le fáil freisin i gCeiltis na Mór-roinne.

Tá 'máthair' na Gaeilge an-chosúil le 'mutter' na Gearmáinise, le 'mother' an Bhéarla, agus le 'mater' na Laidine. Tá 'athair' na Gaeilge (ba leasc le Ceiltigh na Mór-roinne an fhuaim **p** a úsáid) cosúil le 'vater' na Gearmáinise agus le 'pater' na Laidine. Is cruthú é seo gur teanga Ind-Eorpach í an Ghaeilge agus, mar sin, gur teanga Cheilteach í.

2
Forás na Gaeilge

Ogham

Is é an t-ogham an scríbhneoireacht is sine sa *tSean-Ghaeilge*; bhí sé á úsáid ag na Sean-Ghaeil anuas go dtí an t-ochtú haois. San ogham cuireann poncanna na gutaí in iúl agus cuireann línte na consain in iúl. Tá an aibítir seo bunaithe ar aibítir na Laidine, agus tá eolas le fáil uirthi sna sean-lámhscríbhinní. Taispeánann an léaráid aibítir an oghaim.

Níl an t-ogham le fáil anois ach ar chlocha cuimhneacháin in Éirinn agus sa Bhreatain Bheag. Ar imeall na gcloch a scríobhtaí é. Is beag eolas a thugann sé dúinn ar an nGaeilge Ársa, áfach, mar de ghnáth ní bhíonn greanta ar na clocha ach ainm an duine mhairbh.

Na gluaiseanna

Le linn 'Ré Órga' na hÉireann (an seachtú, an t-ochtú agus an naoú haois) chuaigh manaigh ó Éirinn go dtí an Mhór-roinn, agus bhunaigh siad mainistreacha ansin. Ar na lámhscríbhinní Laidine a chóipeáil siad tá focail agus abairtí sa tSean-Ghaeilge scríofa idir na línte agus ar imeall na leathanach mar mhíniú ar an Laidin. Tugtar *gluaiseanna* ar na nótaí mínithe sin. Tháinig Johann Zeuss (1806–56) ar na gluaiseanna sin agus rinne sé dianstaidéar orthu. Sa bhliain 1853 foilsíodh *Grammatica Celtica* leis. Tugann an saothar seo eolas agus tuiscint ar an tSean-Ghaeilge agus ar na teangacha Ceilteacha dúinn, agus lig do na scoláirí a thuilleadh taighde a dhéanamh (féach lch 9 agus 35).

Giorrú focal

Rinne na Gaeil athrú mór ar an gCeiltis a thug siad leo go hÉirinn. Ghiorraigh siad na focail Cheilteacha agus na focail iasachta ón Laidin. Is é sin le rá, d'fhágtaí siolla deireanach an fhocail ar lár, m.sh. 'legendum'—'legenn' ('léigheann'—'léann' sa Nua-Ghaeilge).

An séimhiú

Le linn ré na Sean-Ghaeilge rinneadh iarracht córas séimhithe a chur i bhfeidhm sa scríbhneoireacht chun déileáil le fuaimeanna áirithe. Ag tús agus i lár focail a bhíodh an séimhiú. Tá an fhianaise ann go mbíodh ponc agus uaireanta **h** á n-úsáid mar shéimhiú; ach ní chuirtí comhartha séimhithe ar **b, d, g** nó **m** nuair a fuaimníodh mar litreacha séimhithe iad, m.sh. 'legenn' [leghenn], 'lebor' [lebhor].

An síneadh fada

Tá sé soiléir ó na lámhscríbhinní go mbíodh an síneadh fada á úsáid sa tSean-Ghaeilge, ach tá an fhianaise ann freisin go n-úsáidtí litir dhúbailte uaireanta chun an fad a chur in iúl, m.sh. 'baan' [bán].

An t-urú

Bhíodh an t-urú á úsáid sa tSean-Ghaeilge, ach ní chuirtí comhartha roimh **c, p** nó **t** nuair a fuaimníodh iad mar litreacha uraithe.

Na tuisil

Bhí foirm éagsúil ag gach tuiseal sa tSean-Ghaeilge. Ar ndóigh, tá na tuisil sa Ghaeilge fós, ach tá an fhoirm chéanna anois ag an ainmneach, an cuspóireach, agus an tabharthach. Chomh maith leis an uimhir uatha agus an uimhir iolra bhíodh *uimhir dheach* sa tSean-Ghaeilge. Is é sin le rá, bhí foirm faoi leith ag an ainmfhocal nuair a bhí dhá rud nó beirt i gceist.

An briathar

Bhí córas briathra na Sean-Ghaeilge an-chasta. *Briathra táite* a bhíodh iontu go léir: is é sin, bhí focal amháin ann chun an aimsir, an phearsa agus an uimhir a léiriú. Bhí forainmneacha ann freisin a chuaigh i lár focail, agus réimíreanna mar **ro-, as-, ad-, at-** srl. leis na briathra. Cé gur simplíodh an córas sin le himeacht aimsire, d'fhág sé rian ar an nGaeilge.

Focail curtha le chéile
Gné suntasach den tSean-Ghaeilge scríofa ba ea an tslí ina gcuirtí na focail i bhfrásaí le chéile in aon fhocal fada amháin. Is minic réamhfhocal, alt agus ainmfhocal a bheith curtha le chéile, m.sh. 'nibouisse abuith isinteglugsin' [nibo uisse a buithe isin teglugsin], .i. 'níor cheart é a bheith sa teaghlach sin' (*Stair na Gaeilge*, Maigh Nuad).

Iasachtaí ón Laidin
Le linn Ré na Críostaíochta ghlac an tSean-Ghaeilge le mórán focal ón Laidin, m.sh. 'eaglais' (*ecclesia*), 'easpag' (*episcopus*), 'sagart' (*sacerdos*), 'cathaoir' (*cathedra*), 'Cáisc' (*Pascha*), 'manach' (*monachus*), agus 'paidir' (*Pater Noster*).

Tionchar na gcanúintí ar an tSean-Ghaeilge
Bhí canúintí éagsúla ann le linn ré na Sean-Ghaeilge, ar ndóigh, ach chuir na manaigh agus na filí caighdeán i bhfeidhm a chaomhnaigh an Ghaeilge Chlasaiceach agus nár lig di athrú. Ach chun teanga chaighdeánach a chaomhnú caithfidh síocháin a bheith ann. Thosaigh na Lochlannaigh ag ionsaí na hÉireann timpeall na bliana 800. Scriosadh na mainistreacha, agus tháinig na canúintí, is é sin gnáthchaint na ndaoine, chun cinn. Diaidh ar ndiaidh d'athraigh an teanga.

An Mheán-Ghaeilge (900-1200)
Tháinig athruithe ar an teanga i rith na tréimhse seo. Simplíodh na briathra, agus tháinig an *fhoirm scartha* isteach, m.sh. 'bhí mé' in ionad 'bhíos', srl. Tháinig na forainmneacha neamhspleácha chun cinn, agus d'imigh an inscne neodrach agus an uimhir dhéach as úsáid. D'imigh freisin an nós a bhí sa tSean-Ghaeilge a lán focal a chur le chéile in aon fhocal amháin.

Iasachtaí ón Lochlainnis
Ní haon ionadh go mbaineann na focail a thug na Lochlannaigh don Ghaeilge leis an tseoltóireacht agus leis an tráchtáil, m.sh. 'seol' (*segl*), 'stiúir' (*styra*), 'scilling' (*skillingr*), 'pingin' (*penningr*).

An Ghaeilge Chlasaiceach (1200–1650)
Tháinig na Normannaigh go hÉirinn sa bhliain 1169, agus thug siad an Fhraincis agus an Béarla leo. Chuir an cogadh an tír as riocht sa chaoi gur dheacair caighdeán a chaomhnú. Tháinig na canúintí chun cinn, agus tháinig athruithe ar an nGaeilge. Tugtar an *Nua-Ghaeilge Mhoch* ar an teanga a mhair idir 1200 agus 1650. Ón mbliain 1200 ar aghaidh tháinig na *bardscoileanna* chun tosaigh, agus mhair siad go dtí timpeall na bliana 1650. D'fhéach na filí chuige go mbeadh Gaeilge chaighdeánach léannta i bhfeidhm chun filíocht a chumadh i meadarachtaí an dáin dhírigh (féach lch 10 agus 22).

Tugtar an *Ghaeilge Chlasaiceach* ar an teanga a bhíodh á húsáid ag na baird, mar níor athraigh sí i rith tréimhse na Nua-Ghaeilge Moiche. Is beag an difríocht idir dán a scríobhadh sa tríú haois déag agus dán a scríobhadh sa seachtú haois déag ó thaobh teanga de. Scríobhadh tráchtais ghramadaí a leag amach rialacha na teanga léannta do na filí. Ní rialacha daingne dochta a bhí i gceist: tugadh aitheantas do na canúintí éagsúla, agus bhí sé ceadaithe foirmeacha scartha chomh maith le foirmeacha táite den bhriathar a úsáid.

Ag tús ré na Nua-Ghaeilge Moiche tosaíodh ar urú agus séimhiú a scríobh ar litreacha nach mbíodh uraithe nó séimhithe sa tSean-Ghaeilge. Maidir leis na téacsanna próis, scríobhadh iad den chuid is mó i dteanga a bhí i bhfad níos sine ná Gaeilge na linne. Bhíodh an scéal mar sin riamh, mar ba bhreá le scríbhneoirí na dtráchtas an ársaíocht. Bhí eisceachtaí ann, ar ndóigh. Bhí an Ghaeilge a d'úsáid Seathrún Céitinn i ngar don Ghaeilge Chlasaiceach.

Iasachtaí ón bhFraincis
I measc na n-iasachtaí ón bhFraincis tá 'seomra' (*chambre*), 'Pápa' (*Pape*), 'páiste' (*page*), 'dochtúir' (*docteur*), 'prionsa' (*prince*), 'garsún' (*garçon*), agus 'séipéal' (*chapelle*).

An Nua-Ghaeilge Dhéanach (1650 i leith)
Sa seachtú haois déag chuaigh an córas Gaelach in éag, agus diaidh ar ndiaidh tháinig meath ar na bardscoileanna (féach caibidil 3 agus 6). Ní raibh oiliúint le fáil a thuilleadh ag na filí, a bhí ag brath go mór mar uasaicme ar chóras pátrúnachta na dtaoiseach.

Bhí an Ré Chlasaiceach thart. Tháinig na canúintí agus meadarachtaí an amhráin, a bhíodh á n-úsáid ag na gnáthdhaoine, chun tosaigh.

An Ghaeilge ón ochtú haois déag i leith
I rith na hochtú haoise déag bhí tionchar mór ag caint na ndaoine ar an litríocht, mar ba de na gnáthdhaoine na filí. Ó shin i leith is iad na canúintí a bhí i réim. Tháinig meath uafásach ar an nGaeilge mar theanga labhartha sa dara leath den naoú haois déag. Diaidh ar ndiaidh scar na ceantair Ghaeltachta óna chéile, sa chaoi gur tharla go raibh difríochtaí móra idir na canúintí.
San fhichiú haois rinneadh caighdeánú ar an nGaeilge scríofa. Tá Gaeilge chaighdeánach ann anois, agus is mór an chabhair í d'fhoghlaimeoirí na teanga.

Na canúintí
Seo samplaí de dhifríochtaí idir na focail sna canúintí éagsúla:

Connachta	Ulaidh	Mumhain
gasúr	gasúr	garsún
fataí	préataí	prátaí
geata	geafta	geata
mada	madadh	madra

I gcás focal mar 'mná', 'cnoc' agus 'gnó' deirtear 'mrá', 'croc' agus 'gró' san iarthar agus sa tuaisceart; fuaimnítear an **n** sa deisceart.

Is coitianta a a fhuaimniú idir dhá chonsan sa deisceart, m.sh. 'seanabhean', 'doracha', srl.

Fuaimnítear 'ceannaigh', 'mínigh' srl. mar 'ceannaí', 'míní' srl. san iarthar agus sa tuaisceart, ach sa deisceart fuaimnítear iad mar 'ceannaig' agus 'mínig'.

Fuaimnítear 'cuimhne' mar 'cuivne' san iarthar agus sa tuaisceart ach fuaimnítear mar 'cuíne' é sa deisceart.

I gcás 'ag glanadh', 'ag lasadh' srl. deirtear 'a glana', 'a lasa' srl. san iarthar agus sa deisceart ach 'a glanú', 'a lasú' srl. sa tuaisceart.

Deirtear 'Cén chaoi a bhfuil tú?' de ghnáth san iarthar, 'Cad é mar atá tú?' sa tuaisceart', agus 'Conas taoi?' nó 'Conas tánn tú?' sa deisceart.

Úsáidtear 'cha' agus 'char' sa tuaisceart in ionad 'ní' agus 'níor' san iarthar agus sa deisceart.

Tionchar na Fraincise i gCúige Mumhan

D'fhág an Fhraincis Normannach rian ar chanúint na Mumhan. Féach go bhfuil *garçon* na Fraincise mar 'garsún' i nGaeilge na Mumhan agus go bhfuil an bhéim ar an siolla deireanach. Bíonn an bhéim ar an siolla deireanach i gcanúint na Mumhan de ghnáth ach ar an siolla tosaigh i gcanúint Uladh. De ghnáth bíonn an bhéim ar an siolla tosaigh i gcanúint Chonnacht, ach ní bhíonn sí chomh láidir sin.

3
Stair Shóisialta na Gaeilge

De réir na scoláirí bhí na Sean-Ghaeil in Éirinn ar feadh trí chéad bliain roimh Chríost. Is iad na *draoithe* a bhíodh ag feidhmiú mar shagairt, mar fhilí, mar bhreithiúna, agus mar staraithe. Bhí siad an-chumhachtach, mar bhíodh siad ina gcomhairleoirí do na ríthe agus do na taoisigh.

Na manaigh agus an léann
Níor chuir an Chríostaíocht i gcoinne an chultúir dhúchasaigh nuair a tháinig na manaigh go hÉirinn sa chúigiú haois. Chuaigh ord na ndraoithe in éag, ar ndóigh, ach lean na filí de bheith ag caomhnú an léinn ina scoileanna féin. I scoileanna na mainistreacha, a leath ar fud na tíre, rinne na manaigh staidéar ar an Laidin, agus chóipeáil siad na Soiscéil. Ach níor dhearmad siad an léann dúchasach, agus chuidigh siad go mór lena chaomhnú. Ón séú haois go dtí an naoú haois chuaigh manaigh Éireannacha thar lear mar mhisinéirí, agus bhunaigh siad mainistreacha ar an Mór-roinn. Ar chuid de na scríbhinní eaglasta a chóipeáil siad i Laidin tá na gluaiseanna le fáil a thugann eolas tábhachtach dúinn ar an tSean-Ghaeilge (féach lch 3 agus 35).

Na Gaeil in Albain
Sa séú haois chuaigh na Gaeil go hAlbain agus bunaíodh ríocht chumhachtach Dál Riada. Mhair dlúthcheangal cultúrtha idir Éire agus Albain go dtí an seachtú haois déag.

Na Lochlannaigh
Tháinig deireadh tobann leis an Ré Órga agus le ré na Sean-Ghaeilge. Na Lochlannaigh—a d'ionsaigh Éire ón mbliain 800 go dtí gur briseadh orthu ag Cath Chluain Tarbh sa bhliain 1014—ba chúis leis seo. Scriosadh na mainistreacha, agus is i nGaeilge a scríobh na manaigh ón mbliain 900 ar aghaidh sna mainistreacha a mhair, m.sh. Cluain Mhic Nóis agus Tír Dhá Ghlas. I rith na tréimhse sin tháinig na canúintí chun cinn, is é sin caint na ndaoine, mar ba dheacair caighdeán a choimeád fad a bhí cogadh

ar siúl. Mheasc caint na ndaoine leis an gcaint chlasaiceach agus tháinig ré na Meán-Ghaeilge, a mhair ón mbliain 900 go dtí 1200.

Na Normannaigh

Tháinig na Normannaigh go hÉirinn sa bhliain 1169. Bhris siad ar na Gaeil, agus thóg siad caisleáin chun féachaint chuige go mairfeadh a gcumhacht. Tháinig ré nua Ghaeilge chun tosaigh, mar, arís, níorbh fhéidir le lucht léannta na tíre caighdeán a chaomhnú fad a bhí an tír trína chéile. Tugtar an Nua-Ghaeilge Mhoch nó an Ghaeilge Chlasaiceach ar an teanga a mhair ón mbliain 1200 go dtí 1650. Is é a tharla ná gur chuir filí na mbardscoileanna caighdeán teanga i bhfeidhm ina scríobhtaí an dán díreach, filíocht shiollach na mbard (féach lch 6 agus 22).

Thug na Normannaigh an Fhraincis agus an Béarla leo go hÉirinn, ach ní raibh siad ábalta cur i gcoinne na Gaeilge, agus níorbh fhada go raibh siad 'níos Gaelaí ná na Gael féin'. An fhilíocht ghrá fiú, a thug na Normannaigh leo, chuir na Gaeil cruth Gaelach uirthi, mar scríobhtaí i meadarachtaí siollacha na mbard í. Féach gur scríobh Gearóid Mac Gearailt nó 'Gearóid Iarla' (1338-98) dánta grá i meadarachtaí traidisiúnta. Phós clanna Normannacha le clanna Gaelacha, agus ghlac siad leis an gcultúr Gaelach. D'úsáid siad fiú an Féineachas nó 'dlíthe na mBreithiúna' mar chóras dlí, agus thug siad an chluas bhodhar do Reachtanna Chill Chainnigh, a ritheadh sa bhliain 1366 agus a d'ordaigh do Shasanaigh in Éirinn nósanna agus teanga na nGael a sheachaint.

B'éigean achtanna na Parlaiminte i mBaile Átha Cliath a aistriú go Gaeilge, mar ní bhacfaí leo dá mbeadh siad i mBéarla. I rith na Meánaoise ní raibh an Béarla i réim ach i gceantar Bhaile Átha Cliath agus i mbailte móra mar Loch Garman agus Cill Chainnigh. Den chuid is mó ba í an Ghaeilge teanga labhartha agus riaracháin na tíre. Níor mhair an Fhraincis, cé gur fhág sí a rian ar an nGaeilge.

Na hoird iasachta

Tháinig na hoird iasachta—na Proinsiasaigh, na Cistéirsigh, na Doiminicigh, srl.—ar shála na Normannach. Bhí tionchar mór ag na hoird úd, go mór mór ag na Proinsiasaigh, ar litríocht na hÉireann, mar thug siad leo smaointe ó litríocht na hEorpa. De réir mar a tháinig méadú ar líon na nGael sna hoird seo is é is mó a chuaigh na hoird chéanna i mbun an traidisiún a chaomhnú.

Iarrachtaí Shasana an tír a chur faoi chois

Sa dara leath den séú haois déag thuig rialtas Shasana nach bhféadfaí Éire a choimeád faoi chois fad a bheadh cultúr Gaelach i réim. Rinneadh gach iarracht ar ghabháltas na tíre a dhaingniú. Ach theip ar na plandálacha, agus d'fhan na filí agus na bardscoileanna i réim, mar bhí siad faoi phátrúnacht na dtaoiseach. Ach ní fada a mhair an córas Gaelach ina dhiaidh sin, mar briseadh air le fórsaí armtha.

Meath ar an gcóras Gaelach sa seachtú haois déag

Briseadh ar na Gaeil ag Cath Chionn tSáile sa bhliain 1601. Theith iarlaí Uladh i 1607, agus plandáileadh Cúige Uladh i 1609. D'ionraigh Oliver Cromwell an tír sa bhliain 1649. Briseadh ar na Gaeil arís, agus plandáileadh an tír. Chaill cuid mhór de na taoisigh a dtailte, agus tháinig meath ar an gcóras Gaelach. Tháinig na canúintí chun cinn, agus tugtar an *Nua-Ghaeilge* ar an teanga a mhair ó thimpeall 1650 go dtí inniu. Sa bhliain 1690 briseadh ar na Gaeil ag Cath na Bóinne, agus plandáileadh an tír arís. Is minic a chaoineann Dáibhí Ó Bruadair (1625–98), Aogán Ó Raithile (1670–1725) agus filí eile céim síos na dtaoiseach agus na bhfilí ina gcuid filíochta.

Na Gaeil san ochtú haois déag

Bhí na Gaeil go mór faoi chois san ochtú haois déag, mar bhí na Péindlíthe i bhfeidhm. Ní raibh na filí ina n-uasaicme a thuilleadh, mar bhí córas na pátrúnachta imithe in éag. Bhí siad bocht anois, agus is minic a thaistil siad ó áit go háit ag lorg oibre mar mhúinteoirí nó mar spailpíní. Is i meadaracht an amhráin, filíocht aiceanta a d'eascair ó na daoine, a chum siad a gcuid filíochta, mar ní raibh oiliúint le fáil acu a thuilleadh i meadarachtaí an dáin dhírigh.

Ar ndóigh, bhí an Ghaeilge fós mar theanga labhartha ag formhór na ndaoine. Ach bhí na daoine céanna go dealbh bocht den chuid is mó agus an gorta ag bagairt orthu de shíor. Bhí an Béarla anois i lánréim mar theanga riaracháin. Bhí sé á úsáid ag lucht an rialtais, lucht gnó, lucht na heaglaise, agus lucht riartha oideachais. Ba dheacair d'aon duine dul chun cinn a dhéanamh sa saol gan é.

Meath na Gaeilge mar theanga labhartha sa naoú haois déag

Cé gurbh iontach an saothrú léannta a bhí á dhéanamh sa Ghaeilge sa naoú haois déag, tháinig laghdú uafásach i rith an chéid ar an méid duine a raibh labhairt na Gaeilge acu. Bhí cúiseanna áirithe leis seo:

Na polaiteoirí agus an Ghaeilge

Is é an Béarla a bhíodh á úsáid ag polaiteoirí mar Dhónall Ó Conaill agus ag na Young Irelanders, a tháinig ina dhiaidh. Béarla ar fad a bhíodh sa nuachtán *The Nation*, agus chuaigh sé i gcion go mór ar na daoine.

An chléir agus an Ghaeilge

Ba bheag an tacaíocht a thug an chléir don Ghaeilge. Léiríonn an tAthair Peadar Ó Laoire ina dhírbheathaisnéis, *Mo Scéal Féin*, gur bheag an meas a bhí ag lucht Mhaigh Nuad ar an nGaeilge. Bhí eisceachtaí ann, ar ndóigh. Thaobhaigh an Dr Seán Mac Héil, Ardeaspag Thuama, go mór leis an nGaeilge. Chuir sé go mór i gcoinne na scoileanna náisiúnta ina dheoise, agus ba eisean a spreag an tAthair Peadar chun suim a chur i litríocht na Gaeilge.

Meon na ndaoine i leith na Gaeilge

Níorbh aon ionadh gur cothaíodh drochmheas ar an nGaeilge i measc na ndaoine. Dar leo, bhí baint ag an nGaeilge leis an mbochtaineacht. Cheap siad nach bhféadfaí dul chun cinn a dhéanamh sa saol gan an Béarla, agus chuir said go mór i gcoinne na Gaeilge. Deir Peig Sayers ina dhírbheathaisnéis, *Peig*, nach raibh ach Béarla le cloisteáil ar na sráideanna sa Daingean nuair a chuaigh sí in aimsir ann timpeall na bliana 1886. Deir sí freisin gur labhair fear agus bean an tí Béarla leis na páistí, cé go raibh an Ghaeilge go líofa acu.

Na scoileanna náisiúnta

Tosaíodh ar na scoileanna náisiúnta a chur ar bun sa bhliain 1831, agus níorbh fhada go raibh scoil i ngach paróiste. Ach ní raibh an Ghaeilge mar ábhar ar chlár na scoileanna seo. Leoga, chuir na scoileanna seo go mór i gcoinne na Gaeilge.

An Gorta Mór
B'uafásach an dochar a rinne an Gorta Mór i gceantair bhochta, go mór mór san iarthar, mar a raibh an Ghaeilge á labhairt ag na daoine. I rith na mblianta 1847–52 fuair milliún duine bás agus chuaigh milliún eile ar imirce. Bhí an Ghaeilge ag formhór na ndaoine sin.

Ag deireadh an chéid bhí an scéal go dona i leith na Gaeilge labhartha. Ní raibh an Ghaeilge ach ag muintir an iarthair den chuid is mó, agus ba bheag díobh a raibh léamh nó scríobh na Gaeilge acu.

Litríocht na Sean-Ghaeilge

Go dtí an naoú haois is i Laidin a scríobh na manaigh. Rinne siad na Soiscéil a chóipeáil, agus tá Leabhar Cheanannais, Leabhar Dharú srl. againn mar chruthú ar áille a saothair. I Leabhar Ard Mhacha, a scríobhadh i dtosach na naoú haoise, tá beagán den tSean-Ghaeilge le fáil.

Bhí tionchar mór ag na manaigh ar an bhfilíocht. Bhíodh sé de nós acu iomainn a scríobh i Laidin. Nuair a thosaigh siad ag scríobh i nGaeilge ba iad meadarachtaí siollacha bunaithe ar mheadarachtaí na Laidine a d'úsáid siad. B'shin mar a d'fhorbair na meadarachtaí a dtugtar an dán díreach orthu. Ar ndóigh, ní raibh na manaigh ag brath ar phátrúnacht na dtaoiseach, agus dá bharr sin bhíodh saoirse acu plé le hábhair éagsúla. Cuireann an fhilíocht Ghaeilge a scríobh siad aoibhneas ar chách, agus léirítear inti grá Dé, grá don dúlra, agus grá tíre. I lámhscríbhinn Laidine i mainistir Sankt Gallen san Eilvéis fuarthas an rann seo a leanas, agus samhlaítear dúinn manach ar deoraíocht ag machnamh ar chruachás a thíre. An oíche áirithe seo tá an-sásamh aigne aige nach mbeidh a thír dhúchais á hionradh ag na Lochlannaigh:

Is acher in gáith innocht	Is aichear an ghaoth anocht,
fufuasna fairggae findfholt	a thuairteálann fionnfholt na farraige;
ni ágor réimm mora minn	ní heagal dom réim ar mhuir ghlé
dond láechraid lainn ua Lothlind	ag laochra lainneacha ó Lochlainn.

In 'Pangur Bán', liric phearsanta, feictear manach i mbun staidéir ag cur a ghnó féin i gcomparáid le gnó a chait. Is léir go bhfuil grá aige do gach neach dár chruthaigh Dia. I lámhscríbhinn eile i mainistir Sankt Gallen tá dán ina labhraíonn manach ar aoibhneas a shaoil agus é ag cóipeáil i gcoill le linn do na héin a bheith ag cantaireacht.

Is é 'Amhra Cholm Cille' an sampla is sine de litríocht na Sean-Ghaeilge dá bhfuil ar marthain. Deir na saineolaithe gur chum Dallán Forghaill sa bhliain 597 é, an bhliain a fuair an naomh bás.

Timpeall na bliana 800 a cumadh 'Féilire Aonghasa'. Tá rann ann do gach lá sa bhliain a chomórann féile naoimh áirithe. Cnuasach de ranna ar chruthú an domhain anuas atá in 'Saltair na Rann'. Scríobhadh é sa deichiú haois.

Na filí
Maidir leis na filí, chaomhnaigh siad ginealaigh na dtaoiseach agus chum siad dánta molta agus caointe orthu. Bhí gradam na dtaoiseach ag brath go mór ar na filí, agus is minic a cnuasaíodh na dánta i *nduanairí*. Tá na duanairí go léir caillte anois ach amháin cúpla ceann a scríobhadh sa cheathrú haois déag.

Na lámhscríbhinní agus an tseanlitríocht
Is é atá sna lámhscríbhinní den chuid is mó ná cóipeanna níos déanaí de scríbhinní bunaidh a cailleadh i bhfad roimhe sin. Le fáil iontu tá na scéalta miotaseolaíochta, scéalta na Rúraíochta, na Ríscéalta, an dinnseanchas, stair, ginealaigh, físeanna, agus iomraimh (aistir mhara).

Is é atá sa litríocht *mhiotaseolaíochta* ná scéalta faoi Thuatha Dé Danann agus na déithe.

Is í an eipic 'Táin Bó Chuaille' agus scéalta laochais eile faoin gCraobhruadh atá i litríocht na *Rúraíochta*.

I dtaobh na *Ríscéalta*, tá idir scéalta laochais agus scéalta miotaseolaíochta le fáil iontu, mar níor mhair roinnt de na ríthe riamh.

Sa *dinnseanchas* tugtar cuntas ar conas mar a fuair áiteanna éagsúla a n-ainmneacha. Tá leabhar ar a dtugtar an Dinnseanchas le fáil sna lámhscríbhinní.

Tugtar an **Leabhar Gabhála** ar an saothar a thugann stair na hÉireann ó thús ama go dtí teacht na Críostaíochta. Tugtar cuntas ar na ciníocha éagsúla—na Fir Bolg, na Fomhóraigh, Tuatha Dé Danann, srl.—a mhair (de réir an tseanchais) in Éirinn tráth. Ar ndóigh, is beag den fhírinne atá sa chuntas seo.

Sna *ginealaigh* ríomhtar sinsearacht na ríthe agus na dtaoiseach.

Maidir leis na *físeanna*, is é 'Fís Adhamhnáin' an t-aon cheann amháin díobh a scríobhadh i nGaeilge. Cumadh é sa deichiú haois, agus baineann an scéal le fís a bhí ag Naomh Adhamhnán ina nochtar dó aoibhneas na bhFlaitheas agus uafás Ifrinn.

Baineann na *hiomraimh* le haistir mhara ina dtagann duine ar thír álainn draíochta, is é sin Tír na nÓg. Ar na scéalta seo tá 'Iomramh Bhrain' agus 'Iomramh Curaigh Mhaol Dúin', a bhfuil cáil mhór orthu. Deir na saineolaithe go bhfuil an saothar cáiliúil 'Navigatio Sancti Brendani', an leabhar deireanach Laidine dár cumadh in Éirinn, bunaithe ar na scéalta sin.

Na lámhscríbhinní

Tá idir phrós agus fhilíocht le fáil i litríocht na Sean-Ghaeilge, agus tá cuid mhór den litríocht sin le fáil sna lámhscríbhinní cáiliúla: Leabhar na hUidhre, Leabhar Laighean, Lámhscríbhinn Rawlinson, srl.

I gCluain Mhic Nóis ar an tSionainn a scríobhadh **Leabhar na hUidhre** ag deireadh na deichiú haoise, agus tá scéalta a scríobhadh i bhfad roimhe sin ann, mar atá 'Iomramh Bhrain', 'Iomramh Curaigh Maol Dúin', 'Fís Adhamhnáin', agus scéalta Rúraíochta.

Scríobhadh an lámhscríbhinn ar a dtugtar **Lámhscríbhinn Rawlinson** i gCluain Mhic Nóis freisin, agus tá ginealaigh na dtaoiseach, 'Saltair na Rann' agus 'Amhra Cholm Cille' le fáil inti. I mainistir eile ar an tSionainn, Tír Dhá Ghlas i gContae Thiobraid Árann, a scríobhadh **Leabhar Laighean**. Tá an Leabhar Gabhála le fáil ann chomh maith leis an Dinnseanchas agus leagan de 'Táin Bó Chuaille'.

An Rúraíocht

Caithfear tús áite a thabhairt don Rúraíocht mar chuid den tsean-litríocht. Is é atá i litríocht na Rúraíochta ná na laochscéalta go léir a bhaineann leis an gCraobhruadh nó an tSraith Ultach: is é sin, scéalta faoi Chonchúr mac Neasa, rí Uladh, agus uaisle agus laochra Uladh. Is é atá sa litríocht seo den chuid is mó ná an scéal eipiciúil 'Táin Bó Chuaille' ach go bhfuil réamhscéalta agus fo-scéalta a bhaineann leis an láreipic inti.

D'fhógair Méabh, banríon Chonnacht, cogadh ar Chúige Uladh nuair a diúltaíodh tarbh Chuaille di. B'éigean do Chú Chulainn an fód a sheasamh ina aonar agus Cúige Uladh a chosaint ar na Connachtaigh, mar bhí laochra Uladh faoi dhraíocht. Léirítear gaisce Chú Chulainn, agus is é an cuntas ar an gcomhrac aonair idir é féin agus Feardhia croílár an scéil.

Is é 'Oidhe Chlann Uisnigh' an foscéal is cáiliúla de chuid 'Táin Bó Chuaille'. Is é ábhar an scéil seo ná an feall a d'imir Conchúr mac Neasa ar Naoise mac Uisnigh agus a dheartháireacha tar éis do Naoise éalú le Deirdre agus í ar tí an rí a phósadh. Nuair a d'fhill Clann Uisnigh abhaile mharaigh Conchúr iad tar éis geallúint a thabhairt nach ndéanfadh sé dochar dóibh. Ba é an gníomh fealltach seo a thug ar chuid de na hUltaigh taobhú le Méabh, banríon Chonnacht, san eipic.

Tréithe litríochta na Rúraíochta

Litríocht na n-uaisle atá sa Rúraíocht. Bíonn ríthe agus laochra mar phearsana sna scéalta, agus feictear iad sna dúnta agus sna carbaid. Ach thar aon rud eile is litríocht an laochais é. Sna scéala seo léirítear saol mar a bhí sé na céadta bliain roimh theacht don Chríostaíocht. Cuirtear cathanna agus an comhrac aonair os ár gcomhair iontu, agus bíonn béim mhór ar an mbarbarthacht. De bharr an laochais, na huaisleachta agus na barbarthachta cuireann na scéalta seo Iliad Homer agus Aeneid Virgil i gcuimhne dúinn. Léirítear freisin go dtreoraíonn an ghaisciúlacht na laochra agus dá bharr sin nach ligtear dóibh iad féin a iompar go stuama. Sa scéal 'Fleá Bhricriu', scéal ársa de chuid na Rúraíochta, éiríonn achrann idir Cú Chulainn agus laochra eile faoin 'gcuradhmhír' (duais ar leith don churadh). Arís, in 'Oidhe Chlann Uisnigh' níor lig an ghaisciúlacht do Naoise agus na laochra eile aird a thabhairt ar Dheirdre nuair a d'impigh sí orthu a bheith ar a n-aire agus gan muinín a bheith acu as Conchúr.

Murab ionann is an Fhiannaíocht, ní bhíonn an románsaíocht ná an daonnacht ná an grá don dúlra le feiceáil sa litríocht seo. Bíonn an áibhéil agus an draíocht go láidir sa Rúraíocht mar a bhíonn san Fhiannaíocht, ach ó thaobh stíle de ní bhíonn foclachas na Fiannaíochta le feiceáil sna scéalta. Leoga, insítear na scéalta laochais seo i stíl lom ghonta a oireann don ábhar (féach lch 20).

5

An Fhiannaíocht

Chuaigh litríocht na Rúraíochta in éag sa dara haois déag. Tá cúiseanna leis sin, ar ndóigh. Tháinig meath ar ríocht Uladh ó thús na haonú haoise déag de réir mar a d'éirigh le Dál gCais na Mumhan, a raibh dlúthbhaint aige le ríocht Laighean, forlámhas a fháil. (Baineann litríocht na Fiannaíochta le Cúige Mumhan agus le Cúige Laighean.) Mar aon leis sin, bhí barbarthacht uafásach ag baint le litríocht na Rúraíochta mar gur léirigh sí saol laochais a mhair in Éirinn na céadta bliain roimh scríobh na litríochta sin. Is léir nach mbeadh meon na litríochta sin ag teacht le Críostaíocht na dara haoise déag. Is ón mbéaloideas a d'eascair na scéalta Fiannaíochta, agus bhí scéalta faoi Fhionn agus an Fhiann i mbéal na ndaoine ón ochtú haois anuas. Ós rud é gur bhain traidisiún na Fiannaíochta leis na daoine, ní raibh meas dá laghad air fad a bhí litríocht na Rúraíochta i réim. Nuair a thosaigh an Rúraíocht ag dul i léig sa dara haois déag tháinig litríocht na Fiannaíochta chun cinn mar gur thosaigh an lucht léinn ag cur suime inti. Chum agus bhreac siad síos scéalta.

'Macgníomhartha Finn'

Ag deireadh na dara haoise déag scríobhadh 'Macgníomhartha Finn'. Sa saothar seo tugtar cuntas ar óige Fhinn agus mar ar tógadh é tar éis mharú a athar ag Cath Chnucha, mar a fuair sé bua na feasa tar éis Bhradán na Bóinne a bhlaiseadh agus mar ar bhain sé ceannas na Féinne amach nuair a bhí sé in aois fir.

'Seanchas na Seanórach'

In 'Seanchas na Seanórach', a scríobhadh timpeall na bliana 1200, buaileann Caoilte agus Oisín le Pádraig Naofa tar éis don bheirt laoch filleadh ar Éirinn ó Thír na nÓg. Taistealaíonn Caoilte agus Pádraig timpeall na tíre, agus insíonn an laoch eachtraí faoin bhFiann dó agus mar a fuair áiteanna cáiliúla a n-ainmneacha. Tá an saothar seo cosúil ar shlite leis an Dinnseanchas, agus tá prós agus filíocht fite fuaite ann. Is suntasach mar atá Pádraig agus Caoilte cairdiúil agus tuisceanach dá chéile, mar ní hamhlaidh a bhíonn an scéal sna laoithe Fiannaíochta is déanaí.

'Duanaire Finn'
Chuir beirt scríobhaí in Ord na bProinsiasach i Leuven na Beilge 'Duanaire Finn' le chéile sa bhliain 1627 do Shomhairle Mac Dónaill, a bhí ina phátrún acu. Cnuasach de *laoithe* nó dánta Fiannaíochta a cumadh idir an cheathrú haois déag agus an séú haois déag atá sa saothar seo.

'Tóraíocht Dhiarmada agus Ghráinne'
Is é 'Tóraíocht Dhiarmada agus Ghráinne' an scéal is cáiliúla i litríocht na Fiannaíochta. Sa scéal seo éalaíonn Gráinne, iníon an rí Cormac, le Diarmaid na mBan agus í ar tí Fionn a phósadh. Leanann Fionn agus an Fhiann é, agus is é deireadh an scéil gur maraíodh Diarmaid.
Tá an 'Tóraíocht' an-chosúil leis an scéal Rúraíochta 'Oidhe Chlann Uisnigh' ó thaobh téama agus ábhair de. Is scéalta grá iad araon ina bpléitear an téama céanna: ógbhean álainn, ar tí seanfhear céimiúil a phósadh, ag éalú le laoch dathúil. Is é an deireadh tragóideach dosheachanta céanna atá sa dá scéal.

Scéalta eile Fiannaíochta
Chuaigh an tSraith Fiannaíochta chomh mór sin i gcion ar shamhlaíocht na ndaoine gur leanadh de bheith ag cur leis na scéalta. Cé go bhfuil an tsraith suite go stairiúil sa tríú haois, bhí grá chomh mór sin ag na daoine don litríocht seo gur cumadh scéalta a bhain le haoiseanna níos déanaí. Mar shampla, in 'Cath Fhionntrá' feictear an Fhiann ag cosaint na tíre ar na Lochlannaigh. Is fíor freisin go bhfuil scéalta mar 'An Giolla Deacair' ann agus nach bhfuil iontu ach scigaithris ar an litríocht seo. Pé scéal é, is iomaí scéal Fiannaíochta a cumadh, mar shampla 'Cath Ghabhra', scéal ina mbristear ar an bhFiann agus ina dtéann Oisín go Tír na nÓg; 'Bodach an Chóta Lachtna', ina dtagann Manannán mac Lir i gcabhair ar an bhFiann; agus 'An Bhruíon Chaorthainn', ina sábhálann Diarmaid ó Duibhne an Fhiann.

Na dánta Fiannaíochta

Maidir le dánta na Fiannaíochta, is baileid a bhformhór a thugann cuntas dúinn ar eachtraí rómánsacha na Féinne. Ach tá lirící áille Fiannaíochta ann freisin a léiríonn an grá don dúlra, agus agallaimh bheirte ina nglacann Oisín agus Pádraig páirt. Sna hagallaimh is minic a bhíonn aighneas idir Pádraig agus an laoch. Molann Oisín an phágántacht agus an uaisleacht a bhain le saol na Féinne, fad a labhraíonn Pádraig ar son na Críostaíochta. Sa dán 'A Oisín, Is Fada Do Shuan' deir Oisín:

> Do chuala ceol 's fearr ná a gceol,
> gé mór mholas tú an cliar:
> scolgarnach luin Leitreach Laoigh
> 's an fhaoidh do níodh an Dord Fiann.

Ba bhreá leis na daoine na laoithe Fiannaíochta, agus bhíothas ag cur leo de shíor. San ochtú haois déag, fiú, chum **Micheál Coimín** (1688–1760) 'Laoi Oisín' ina dtugtar cuntas ar Oisín i dTír na nÓg agus mar a d'fhill sé ar Éirinn in aimsir na Críostaíochta. Tá dánta de chuid na ndaoine féin ann a cumadh sa naoú haois déag agus san fhichiú haois, agus spreag an Fhiannaíocht cuid mhór litríochta nua-aimseartha.

Léiríodh *Diarmaid agus Gráinne*, dráma le Micheál Mac Liammóir, i dTaibhdhearc na Gaillimhe sa bhliain 1928, agus tá tionchar na Fiannaíochta le feiceáil ar shaothar Mháire Mhac an tSaoi agus a lán scríbhneoirí eile. Deir Peig Sayers in *Peig*: 'I dtaobh na seandaoine, bhí a gcaint féin acusan cois na tine, is b'fhearr liomsa bheith ag éisteacht leo ná le ceol dá fheabhas, mar bhí suim mhór agam i gcónaí sna scéalta breátha Fiannaíochta a bhíodh ar siúl acu.'

Tréithe litríocht na Fiannaíochta

De bharr gur eascair an Fhiannaíocht ón mbealoideas, tá difríocht mhór idir í agus an Rúraíocht (féach lch 17). Is scáthán í litríocht na Fiannaíochta ar mheon agus ar shaol na ndaoine. Is gnáthdhaoine iad an Fhiann: ní ríthe ná uaisle iad. Is minic a chodlaíonn siad faoin spéir, tarlaíonn na heachtraí faoin aer, agus feictear an Fhiann ar chnoc agus i gcoill ag seilg agus ag caitheamh aimsire. Tá áit faoi leith ag an dúlra sa litríocht seo, agus léirítear grá mór dó sna scéalta agus sna dánta. In 'Agallamh na Seanórach' feictear an bhaint idir eachtraí na Féinne agus ainmneacha áiteanna, agus is minic a mholtar an dúlra sna laoithe.

Is litríocht chneasta rómánsach í an Fhiannaíocht a bhfuil an daonnacht go láidir inti. Ní bhíonn an bharbarthacht san Fhiannaíocht. Má bhaintear ceann de dhuine nó má mharaítear na céadta, ní théann sé i gcion orainn mar bharbarthacht mar go mbíonn áibhéil, nó greann fiú, ag baint leis. Feictear an áibhéil agus an draíocht go láidir san Fhiannaíocht.

Ó thaobh stíle de, bíonn an foclachas le feiceáil sa litríocht seo. Baintear úsáid as na *ruthaig*, is é sin sruthanna focal ag tosú leis an litir chéanna. Tá rian an bhéaloidis le feiceáil anseo, mar lig na ruthaig don seanchaí cur síos a chur de ghlanmheabhair. Feictear na ruthaig á n-úsáid i leabhair Pheig Sayers, a léiríonn tionchar na Fiannaíochta ar a cuid litríochta. Ar ndóigh, seanchaí ba ea í.

In aon litríocht sheanda mar seo bíonn gach rud 'dubh nó bán': ní bhíonn aon rud eatarthu.

6
Filíocht na mBard

Mhair na bardscoileanna nó dámhscoileanna ón mbliain 1200 go 1650, agus ar feadh na tréimhse sin bhí na filí ina n-uasaicme, mar bhí siad faoi phátrúnacht na dtaoiseach. Ba de shliocht filí iad na mic léinn a d'fhreastail ar na bardscoileanna, ina bhfuair siad oiliúint ar na meadarachtaí siollacha (an dán díreach) agus teagasc sa léann dúchais. Ar ndóigh, teanga liteartha—an Ghaeilge Chlasaiceach—a bhíodh á múineadh sna scoileanna. Bhí tráchtais ghramadaí ann chun treoir a thabhairt do na mic léinn in úsáid na teanga sin, agus sin an fáth gur beag difríocht a fheictear idir dán a scríobhadh sa tríú haois déag agus ceann a cumadh sa séú haois déag (féach lch 6 agus 10). Ollaimh a dtugtaí ar na príomhfhilí a bhíodh i bhfeighil na scoileanna. Bhí sé riachtanach freisin don mhac léinn seacht mbliana nó mar sin a chaitheamh i mbun staidéir sula mbeadh sé láncháilithe agus céim ard aige mar fhile. Nuair a bhíodh a chuid scolaíochta thart théadh an file i mbun a cheirde faoi phátrúnacht taoisigh.

An staid stairiúil
Ní mór a thuiscint go raibh staid áirithe pholaitiúil ann i rith na tréimhse 1200–1650 a thug céim ard do na filí agus a lig dóibh feidhmiú mar uasaicme. Ní raibh rialtas lárnach i bhfeidhm sa tír, agus d'fhág sin gurbh éigin do na taoisigh a dtailte féin a chosaint ar a chéile. Ó tharla gur bhraith cumhacht an taoisigh ar dhílseacht a lucht leanúna bhí sé riachtanach go mbeadh ainm an tiarna in airde agus meas mór air.

Feidhm an fhile
Ba í príomhfheidhm an fhile féachaint chuige gur mhair cáil a thaoisigh agus a mhuintire. Chum sé dánta molta ag móradh eachtraí an taoisigh agus a mhuintire chomh maith le caointe nuair a fuair duine dá mhuintir bás. Ba staraí é freisin a chaomhnaigh an seanchas agus a ríomh ginealaigh na muintire mar aon le gach pósadh, breith, agus bás. Bhronnadh na taoisigh

tailte ar na filí agus d'íocaidís go fial as na dánta a chumaidís. Ní haon ionadh gur mhair na filí mar uasaicme fad a bhí an córas Gaelach i réim.

Na taoisigh
Maidir leis na taoisigh, dhéanaidís a gcion féin chun cur lena gcáil. Is minic a cnuasaíodh na dánta a chum na filí i nduanairí, agus ba chúis mórtais ag taoiseach, é a bheith le rá go raibh duanaire toirteach aige. Ba mhinic freisin a dhéanadh taoiseach creach ar thailte taoiseach eile agus an chreach—ba agus earraí—a roinnt ar na filí. Chuireadh éacht mar sin go mór lena cháil, agus chumadh an file dán molta á chomóradh. Ar ndóigh, bhíodh ar an taoiseach a bheith fial leis an bhfile, ar eagla nach molfadh an file go hard é nó, níos measa fós, ar eagla go gcumfadh sé aoir air.

An dán díreach
Tugtar an *dán díreach* ar mheadarachtaí siollacha na mbard. Tá meadarachtaí éagsúla ann, mar shampla *rannaíocht mhór, rannaíocht bheag, deibhí, aoi freislí,* srl. Bíonn ceithre líne i ngach rann (véarsa) agus méid áirithe siollaí i ngach líne agus san fhocal deiridh. Bíonn dhá fhocal ag freagairt go cruinn dá chéile nuair a bhíonn an líon céanna siollaí, na gutaí céanna agus consain áirithe iontu. Sna meadarachtaí seo bíonn focail ag freagairt dá chéile go seachtrach (focal ag deireadh líne ag freagairt d'fhocal ag deireadh líne eile) agus go hinmheánach (focal i lár nó ag deireadh líne ag freagairt d'fhocal i lár líne eile). De ghnáth bíonn *uaim* (focail ag tosú leis na litreacha céanna) i ngach líne. Tugtar *óglachas* ar mheadaracht nach gcloíonn go cruinn leis na rialacha.

Níor oir na meadarachtaí seo ach d'ábhair áirithe. Bhí na rialacha chomh casta sin nach mbíodh saoirse ag an bhfile a smaointeoireacht phearsanta féin a chur in iúl ná a mhothúcháin a léiriú. Is minic sna dánta seo a fheictear focal á úsáid nach oireann d'ábhar an dáin ach atá ann chun an mheadaracht a shásamh.

Meadarachtaí an amhráin
Nuair a tháinig meath ar an gcóras Gaelach sa seachtú haois déag chuaigh na bardscoileanna agus an dán díreach in éag. Ba iad meadarachtaí an *amhráin,* a bhí á n-úsáid ag na gnáthdhaoine

riamh, a tháinig chun cinn ansin. Bhí na meadarachtaí nua sin i bhfad níos simplí ná na meadarachtaí siollacha, agus thug siad saoirse don fhile a mhothúcháin phearsanta féin a chur in iúl.

Na dánta grá (an fhilíocht chúirtéiseach)
Is i bProvence na Fraince a d'eascair an fhilíocht ghrá a dtugtar an *grá cúirtéiseach* (*l'amour courtois*) uirthi. Glacadh go fonnmhar leis an litríocht seo i gcúirteanna iarthar na hEorpa mar ar chleacht na huaisle í. Is iad na Normannaigh a thug téamaí na litríochta seo go hÉirinn, agus scríobhadh na dánta léannta grá i modh an dáin dhírigh idir 1350 agus 1650. Ba é **Gearóid Mac Gearailt** nó 'Gearóid Iarla' (1338–98) a chéadchleachtaigh an faisean nua liteartha seo, agus níorbh fhada go raibh dánta grá á scríobh ag na filí gairmiúla mar chaitheamh aimsire.

Gnéithe an dáin ghrá
Is é bunphrionsabal na litríochta seo go bpléitear leis an ngrá ar leibhéal idéalaíoch. Is rud doshásaithe é an grá áirithe seo. Tugann an fear ómós don bhean álainn chéimiúil ach bíonn sí dofhaighte. Tuigtear gur grá mídhleathach a bhíonn i gceist, is é sin go mbíonn an bhean pósta.

Dar leis an bhfile, galar is ea an grá. Bíonn mearbhall air agus ní féidir leis codladh. Ní bhíonn sos i ndán dó ach an bás nó póg ón mbean álainn. Agus bíonn diamhracht ag baint leis an ngrá seo. Bíonn sé cráite ach ag an am céanna baineann sé pléisiúr de shórt éigin as a chruachás.

Sna dánta seo is léir nach mbíonn an file i ndáiríre, agus feictear an íoróin agus an greann go láidir iontu. Sórt cluiche intleachtúil a bhíonn i gceist a mbíonn gnásanna agus rialacha ag baint leis. Ní dhéantar tagairt do shaol réalaíoch an ghnáthdhuine, mar ní bheadh sé sin ag teacht leis an idéal. Tugtar le tuiscint sna dánta seo go sáraíonn an grá gach uile ní.

Bhí tionchar mór ag na dánta léannta grá ar amhráin ghrá na ndaoine ó thaobh téarmaíochta de. Ach sin an méid. Sna hamhráin ghrá bíonn an file lándáiríre, agus pléann sé go réalaíoch tíriúil le ceist an ghrá. Nuair a tháinig meath ar an saol Gaelach sa dara leath den seachtú haois déag tháinig na hamhráin seo chun cinn (féach lch 29).

7
Prós na Seachtú hAoise Déag

An Reifirméisean

Sa dara leath den chúigiú haois déag chuir rialtas Shasana agus lucht an Reifirméisin rompu an creideamh Protastúnach a chur chun cinn i ndáiríre. Tuigeadh tábhacht na teanga i scaipeadh an chreidimh, agus tosaíodh ar litríocht Phrotastúnach i nGaeilge a sholáthar. Cuireadh clólann Gaeilge ar bun i mBaile Átha Cliath, mar ní dhéanfadh lámhscríbhinní an gnó chun an creideamh a chraobhscaoileadh.

Litríocht Ghaeilge an Reifirméisin

Foilsíodh Teagasc Críostaí sa bhliain 1571, agus chuir William O'Donnell, Ardeaspag Thuama, Gaeilge ar an Tiomna Nua sa bhliain 1603 agus ar Leabhar na hUrnaí Coitinne sa bhliain 1608. Bhí William Bedell, Easpag na Cille Móire agus Ardach, i bhfeighil an Sean-Tiomna a aistriú, ach cé go raibh sé scríofa i 1640, níor foilsíodh go dtí 1685 é.

Na Proinsiasaigh agus an Coláiste Éireannach

Le linn réim na banríona Elizabeth scriosadh na mainistreacha agus ruaigeadh na Proinsiasaigh. Ba í an ghéarleanúint sin a thug orthu dul ar an Mór-roinn. Bhunaigh Flaithrí Ó Maolchonaire Coláiste San Antaine—nó an Coláiste Éireannach, mar is fearr aithne air—i Leuven na Beilge sa bhliain 1608. Chuir na Proinsiasaigh go mór i gcoinne an Reifirméisin, agus chuir siad rompu leabhair chráifeacha a chur i gcló mar fhreagra ar an litríocht Phrotastúnach. Daoine fíorléannta a raibh tuiscint acu ar an léann dúchais ba ea na fir a spreag an obair seo. Bhí sé de chuspóir acu litríocht i ngnáthchaint na ndaoine a chur ar fáil. Ar ndóigh, cé nach raibh léamh na Gaeilge ag formhór na ngnáthdhaoine, bhí na Proinsiasaigh ag súil go léifí na leabhair do na daoine nó go rachadh na daoine i dtaithí ar an léamh ach na leabhair a bheith acu.

Litríocht na bProinsiasach i Leuven

Foilsíodh an Teagasc Críostaí le Giolla Bhríde Ó hEosa sa bhliain 1611; bhí an-tóir ar an leabhar sin. Cuireadh leabhar cráifeach le Flaithrí Ó Maolchonaire i gcló sa bhliain 1616 faoin teideal *Desiderius*; aistriúchán ar leabhar Catalóinise is ea é. Scríobh **Aodh Mac Cathmhaoil** (nó Aodh Mac Aingil, mar ab fhearr aithne air) *Scáthán Shacraimint na hAithrí* a foilsíodh sa bhliain 1618.

I rith na seachtú haoise déag is éachtach an méid leabhar a d'fhoilsigh na Proinsiasaigh i nGaeilge, idir leabhair spioradálta agus leabhair ghramadaí. Ba cheart a thuiscint, áfach, gur i lámhscríbhinní den chuid is mó a cuireadh an litríocht dhúchasach ar fáil in Éirinn go dtí ré na hAthbheochana ag deireadh na naoú haoise déag.

Micheál Ó Cléirigh agus *Annála Ríochta Éireann*

Bráthair in Ord na bProinsiasach ba ea **Micheál Ó Cléirigh**. Chuir an Coláiste Éireannach i Leuven go hÉirinn é sa bhliain 1626 chun taighde a dhéanamh ar bheathaí naomh na hÉireann. Bhí sé i mbun na hoibre sin go dtí 1637. Ní hamháin gur bhailigh sé eolas ar na naoimh ach thaistil sé an tír ag scrúdú lámhscríbhinní gur bhailigh sé cnuasach mór den seanchas agus den stair. Is cinnte go mbeadh a lán den léann dúchais caillte murach gur chaomhnaigh an Cléireach é; rinne sé cóipeanna de lear mór lámhscríbhinní nach bhfuil ar marthain anois. Ach beidh cáil go deo air de bharr a phríomhshaothair, **Annála Ríochta Éireann**. Is minic a dtugtar 'Annála na gCeithre Mháistir' ar an mórshaothar seo freisin, mar thug triúr eile cabhair dó ar feadh tamaill. Fuair Micheál Ó Cléirigh bás sa bhliain 1643, an bhliain a foilsíodh an *Sanasán Nua* leis, an chéad fhoclóir Gaeilge a cuireadh i gcló riamh.

Seathrún Céitinn agus *Foras Feasa ar Éirinn*

Rugadh **Seathrún Céitinn** (1570–1650) i ngar do Chluain Meala i gContae Thiobraid Árann. D'fhreastail sé ar dhámhscoil agus ar scoil Laidine sa cheantar, agus rinneadh sagart de sula ndeachaigh sé go Bordeaux chun a thuilleadh staidéir a dhéanamh. D'fhill sé ar Éirinn sa bhliain 1610, agus chaith sé roinnt blianta i mbun oibre i ndeoise Phort Láirge.

B'éigean dó dul ar a choimeád tar éis do bhean uasal gearán a dhéanamh do rialtas Shasana faoi sheanmóir a thug sé. Tar éis sin thaistil sé ar fud na tíre ag bailiú eolais dá mhórshaothar, *Foras Feasa*

ar Éirinn (.i. stair na hÉireann); chríochnaigh sé an obair sin timpeall na bliana 1633. Dúirt sé gur scríobh sé an leabhar mar fhreagra ar an stair bhréagach a bhí scríofa ag staraithe Gallda [English historians]. Is é atá sa leabhar cáiliúil seo ná stair na hÉireann ó thús ama go dtí teacht na Normannach, agus glacadh leis mar stair fhírinneach na hÉireann ar feadh na céadta bliain. Scríobh sé freisin an dá leabhar chráifeacha *Trí Bior-Ghaoithe an Bháis* agus *Eochair-Sciath an Aifrinn*. [religious]
Is i stíl chlasaiceah a scríobh an Céitinneach. (Ar ndóigh, file ba ea é a raibh oiliúint faighte aige i mbardscoil.) Scríobh sé i meadarachtaí siollacha agus i meadarachtaí an amhráin, mar a rinne Dáibhí Ó Bruadair (1625–98). Chráigh céim síos na dtaoiseach Gaelach agus na bhfilí an bheirt acu, téama a phléann Aogán Ó Raithile (1670–1729) go minic ina chuid filíochta. Scríobh an Céitinneach *Mo Bheannacht Leat, a Scríbhinn* i meadaracht shiollach agus *Óm' Sceol ar Ardmhaigh Fáil*, dán ina gcaoineann sé staid na hÉireann, i meadaracht an amhráin. [Mac an cheangail?]

An aoir phróis
Parlaimint Chlainne Tomáis
[Bitter + Mocking Sheabh + Magiúl]
Baineann a lán de litríocht na seachtú haoise déag le staid pholaitiúil na hÉireann. Is minic i litríocht na bhfilí a léirítear fuath do na plandóirí nua. Dar le lucht an léinn dúchais, ba bhodaigh na plandóirí nach raibh meas dá laghad acu ar an gcultúr Gaelach.

Ní fios cé a scríobh an aoir phróis *Parlaimint Chlainne Tomáis* thart timpeall lár an chéid. Sa saothar seo caitear anuas go magúil aortha ar na plandóirí a sciob tailte na dtaoiseach Gaelach. Léirítear na plandóirí úd mar dhaoine garbha drochbhéasacha nach bhfuil uaisleacht dá laghad ag baint leo ná meas ar bith acu ar an léann dúchais. Níl iontu ach bodaigh a d'éirigh saibhir thar oíche.

Parlaimint na mBan [Attack on women]
Scríobh an tAthair **Dónall Ó Colmáin** an saothar próis seo ag deireadh an chéid. Sa leabhar seo cruinníonn grúpa ban le chéile chun staid shóisialta na tíre a phlé. Cáintear na mná mar dhaoine neamhéifeachtacha a fhanann i bhfeighil tí agus nach nglacann páirt i saol poiblí na tíre. Cáintear na fir freisin de bharr go bhfuil siad tugtha don ól, don tsaint, agus don bhithiúntas. Is tábhachtach an saothar seo, mar tugann sé eolas sóisialta dúinn ar shaol na seachtú haoise déag.

8
An tAmhrán agus an Aisling

Nuair a bhí an seanchóras Gaelach agus na bardscoileanna i réim ba iad na meadarachtaí siollacha—an dán díreach—a bhíodh á gcleachtadh ag na filí gairmiúla. Bhí na meadarachtaí seo chomh casta sin gur dheacair plé le hábhair éagsúla ná mothúcháin phearsanta a chur in iúl. De réir mar a chuaigh na bardscoileanna i léig i rith na seachtú haoise déag tháinig na meadarachtaí ar a dtugtar an t-amhrán chun cinn. Bhíodh na meadarachtaí seo á n-úsáid ag na gnáthdhaoine riamh ach gur tháinig forás mór orthu sa dara leath den seachtú haois déag.

Trí rann agus amhrán
Chleacht filí Uladh foirm véarsaíochta ar a dtugtar *trí rann agus amhrán* i rith na tréimhse seo. Bhíodh trí véarsa ann i meadarachtaí siollacha agus an véarsa deireanach i meadaracht an *amhráin*. Tá an sórt véarsaíochta seo á úsáid sna dánta 'Toighe Chorr an Chait' agus 'Fáilte don Éan' le Séamas Dall Mac Cuarta (1647–1733). Is léir nach bhfuair an dán díreach bás thar oíche.

An dán díreach agus an t-amhrán i saothair na bhfilí
Cé gur scríobh Seathrún Céitinn (1500–1640), Pádraigín Haicéid (1600–54), Dáibhí Ó Bruadair (1625–98) agus Piaras Feirtéir (1600–53) an dán díreach, chleacht siad an t-amhrán freisin. Is léir gur oir meadarachtaí an amhráin dóibh chun plé go héifeachtach agus go mothúchánach le himeachtaí na haoise.

An t-amhrán
Meadarachtaí aiceanta atá san amhrán. Bíonn méid áirithe céimeanna i ngach líne agus béim ar ghúta sna céimeanna sin. Cuir i gcás an véarsa seo as an dán 'Cumha Eoghain Rua' le Pádraig Mac Giolla Fhiondáin (1666–1733):

Níl stáidbhean tséimh de Ghaelaibh beo, mo nuar!
gan rás na ndéar ag céimiu ród 'na ngrua;
de bhláth gach déise is féir a snó do chuaigh,
's gan ál ar chéis ón éagsin Eoghain Ruaidh.

Tá cúig chéim i ngach líne, agus tá patrún na ngutaí aiceanta mar seo:
á—é—é—ó—ua
Féach go bhfuil comhfhuaim idir na céimeanna in aon líne agus na céimeanna céanna sna línte eile.

Bhí meadarachtaí aiceanta an amhráin faoi bhláth san ochtú haois déag. Thug na meadarachtaí sin saoirse don fhile a mhothúcháin phearsanta a chur in iúl go fuinniúil, mar bhí siad simplí agus rithim ag baint leo, murab ionann agus meadarachtaí siollacha an dáin dhírigh. Thaitin na dánta leis na gnáthdhaoine, mar ba iad a chéadúsáid na meadarachtaí aiceanta sin, agus, ar ndóigh, scríobhadh na dánta i ngnáthchaint na ndaoine.

Filíocht na hochtú haoise déag

Sa dara leath den seachtú haois déag agus san ochtú haois déag cumadh dánta éagsúla, idir amhráin ghrá, aortha, chaointe, agus aislingí, i meadarachtaí an amhráin.

Na hamhráin ghrá

Nuair a chuaigh meadarachtaí léannta an dáin dhírigh as úsáid tháinig an t-amhrán grá, a bhíodh á scríobh ag na daoine riamh, faoi bhláth. Cé go raibh tionchar mór ag na dánta léannta grá (*l'amour courtois*) ar na hamhráin ghrá, go mór mór ó thaobh téarmaíochta de, tá difríocht mhór idir an dá chineál filíochta. Bíonn an dáiríreacht, an paisean agus léiriú réalaíoch an tsaoil le feiceáil go láidir in amhráin ghrá na ndaoine. Tá amhráin ghrá inaitheanta dá leithéid—'A Ógánaigh an Chúil Cheangailte', 'Úna Bhán', 'An Droighneán Donn', 'Máirín de Barra', srl.—mar chruthú go ndeachaigh na gnáthdhaoine i mbun scríofa go fonnmhar (féach lch 24).

Na haortha

Is liosta le háireamh na haortha a cumadh ag cáineadh tiarnaí talún nó gnáthdhaoine a mhaslaigh an file ar shlí éigin nó nár thug an gradam cuí dó, m.sh. 'Vailintín Brún' le hAogán Ó Raithile agus 'Toighe Chorr an Chait' le Séamas Dall Mac Cuarta.

Na caointe

Bhí meadaracht de chuid an amhráin, ar a dtugtar *caoineadh*, a raibh ceithre bhéim sa líne inti. Is í an mheadaracht sin a d'úsáid na filí gairmiúla chun caointe a chumadh ar dhuine marbh nó fiú ar staid na tíre. Is samplaí iad 'Do Chuala Scéal do Chéas ar Ló Mé' le **Piaras Feirtéir** agus 'Bímse Buan ar Buairt Gach Lá' le **Seán Clárach Mac Dónaill** (1691-1754) de dhánta scríofa sa mheadaracht seo. Go traidisiúnta scríobhadh caointe na ndaoine i meadaracht aiceanta a dtugtar *rosc* uirthi. Tá an dán cáiliúil 'Caoineadh Airt Uí Laoire' le **hEibhlín Dhubh Ní Chonaill** (1743-1800) scríofa sa mheadaracht sin.

Brian Merriman agus 'Cúirt an Mheán Oíche'

Rugadh **Brian Merriman** (1749-1805) i gContae an Chláir, mar ar chaith sé a shaol mar mhúinteoir. D'aistrigh sé go cathair Luimnigh ag deireadh a shaoil, agus is ann a fuair sé bás. Luaitear Merriman anseo mar gur scríobh sé an dán fada cáiliúil 'Cúirt an Mheán Oíche'. Níl dán eile dá shórt le fáil i litríocht na Gaeilge, agus is cinnte nach mbeadh cuimhne ar Merriman mar fhile ach gur scríobh sé an dán greannmhar neamhghnách seo. Ar ndóigh, tá sé scríofa i meadaracht an *amhráin*.

I mbrionglóid a bhí aige tugtar an file os comhair cúirte a thionóil na mná chun fadhb mhór shóisialta a phlé. Cuirtear i leith na bhfear nach bhfuil na fir óga ag pósadh agus go bhfuil na mná míshásta mar go bhfuil cuid mhór díobh pósta le seanfhir gan fuinneamh. Ag deireadh an dáin is í breith na cúirte go bhfuil drochíde tuillte ag an bhfile agus ag na fir eile atá i láthair. Is ansin a dhúisíonn an file.

An aisling pholaitiúil

Is i gCúige Mumhan den chuid is mó a scríobhadh na haislingí i rith na hochtú haoise déag. Bhí na Gaeil go mór faoi smacht, gan treoir ar bith, tar éis Chath na Bóinne, agus baineadh compord de shórt éigin as a bheith ag cumadh na n-aislingí seo ina léirítear an maoithneas i leith na Stíobhardach. In aisling na Mumhan cruthaítear an dóchas go bhfuil na Stíobhardaigh ag filleadh agus go mbeidh Éire saor. Tugtar *aisling fháthchiallach* ar aisling den chineál seo, de bharr go dtagann Éire i bhfoirm spéirmhná le teachtaireacht don fhile.

Is é an dán 'Mac an Cheannaí' le hAogán Ó Raithile an chéad aisling Stíobhardach a cumadh sa Ghaeilge. Tosaíonn an dán leis na línte:

Aisling ghéar do dhearcas féin
ar leaba 's mé go lagbhríoch,
an ainnir shéimh darbh ainm Éire
ag teacht im' ghaor ar marcaíocht.

Tá an tír go mór faoi chois ag na Gaill, agus tá an spéirbhean (Éire) ag fanacht go dóchasach le teacht na Stíobhardach. Ach is beag den dóchas atá san aisling áirithe seo, mar faigheann an spéirbhean bás nuair a chloiseann sí go bhfuil an rí Stíobhardach marbh.

Ba é **Eoghan Rua Ó Súilleabháin** (1748–84) ba mhó a shaothraigh an aisling. Ar na haislingí a scríobh sé tá 'Ceo Draíochta' agus 'Im' Aonar Seal ag Siúl Bhíos'.

De ghnáth bíonn struchtúr aisling na Mumhan mar seo a leanas: tagann spéirbhean chuig an file; fiafraíonn sé di an í Helen na Traí í, nó Deirdre, tá sí chomh hálainn sin; freagraíonn sí gurb Éire í agus go bhfuil a fear céile (duine de na Stíobhardaigh) i bhfad uaithi i gcéin ach go bhfuil sé ag teacht ar ais agus go mbeidh Éire saor.

Aisling Uladh

Is mór idir aisling Uladh agus aisling na Mumhan. Ar an gcéad dul síos, ní luaitear na Stíobhardaigh, mar ba bheag an meas a bhí ag na hUltaigh orthu. Is do na Niallaigh a dhéanann an file tagairt, agus ní Éire i bhfoirm spéirmhná a thagann chuig an file ach síóg. Tá cáil mhór ar an aisling Ultach 'Úirchill an Chreagáin', a scríobh **Art Mac Cumhaí** (1738–73). Sa dán seo is é an t-éadóchas i dtaobh a thíre, agus i dtaobh é féin mar fhile, a thugann air éalú leis an tsíóg.

Nuair a briseadh ar na Stíobhardaigh ag Cùil Lodair in Albain sa bhliain 1746 ní raibh fáth cumtha na n-aislingí ann a thuilleadh. Ach leanadh de bheith ag cumadh aislingí, mar thaitin an fhoirm liteartha agus an cheolmhaireacht a bhain leo leis na filí.

Na cúirteanna filíochta

San ochtú haois déag ba nós ag na filí é, go mór mór i gCúige Mumhan, teacht le chéile i dteach nó i dteach tábhairne chun a gcuid filíochta a chur faoi bhráid a chéile agus lámhscríbhinní a phlé. Tugadh 'cúirteanna' ar na cruinnithe sin, mar go n-úsáidtí téarmaíocht an dlí chun iad a riarú. Mar shampla, 'sirriam' a tugadh ar an bhfile a bhíodh i bhfeighil na cúirte. Ba í feidhm na gcúirteanna seo an litríocht agus an traidisiún a chaomhnú. Ar ndóigh, ó tharla go raibh an córas pátrúnachta agus na bardscoileanna imithe in éag, bhí géarghá leo.

Is iad seo thíos áiteanna ina raibh cúirteanna filíochta agus na daoine a bhí ina bhfeighil:

Cromadh, Contae Luimnigh—Seán Ó Tuama an Ghrinn (1706–75) agus a dhlúthchara Aindrias Mac Craith ('an Mangaire Súgach') (1708–95)

Sliabh Luachra (i ngar do Chill Airne), Contae Chiarraí—Aogán Ó Raithile (1670–1728) agus Eoghan Rua Ó Súilleabháin (1748–84)

An Ráth, Contae Chorcaí—Seán Clárach Mac Dónaill (1691–1754)

An Bhlarna, Contae Chorcaí—Liam Rua Mac Coitir (1660–1738) agus Seán Ó Murchú na Ráithíneach (1700–62)

Sliabh gCua, Contae Phort Láirge—Donncha Rua Mac Conmara (1715–1810) Siaoibh Rua

Thug na cuirteanna seans do na filí bochta sclabhaíocht an lae a chur ar leath-taobh ar feadh tamall, agus a n-aghaidh a dhíreadh ar a gcuid filíochta. An leathnón

9
Saothrú na Gaeilge sa Naoú hAois Déag

Ba bheag litríocht Ghaeilge a bhí á cumadh ag tosach na naoú haoise déag. Bhí an tír go mór faoi chois tar éis Éirí Amach 1798, agus cé go raibh an Ghaeilge á húsáid go forleathan mar theanga labhartha, níorbh fhada go mbeadh an scéal amhlaidh.

Antaine Ó Reachtaire
I gContae Mhaigh Eo bhí **Antaine Ó Reachtaire** nó 'Raifteirí' (1784–1834), an file dall, ag siúl na tíre fós agus ag cumadh do dhaoine a bhí chomh bocht leis féin. Chum sé véarsaí ar dhaoine agus ar eachtraí áitiúla atá i mbéal na ndaoine fós. Ach ní fhéadfaí mórlitríocht a thabhairt ar a shaothar.

Seán Ó Coileáin
Scríobh **Seán Ó Coileáin** (1754–1817), a rugadh i gCorcaigh, 'Machnamh an Duine Dhoilíosaigh' sa bhliain 1815. Is dán den chéad scoth é, agus tá a cháil mar fhile ag brath air. Is é an Coileánach a scríobh an aisling 'An Buachaill Bán'.

Micheál Óg Ó Longáin
Poblachtánach ba ea **Micheál Óg Ó Longáin** (1766–1837) a throid in Éirí Amach 1798. Scríobhaí ba ea é a chaith a shaol ag bailiú agus ag cóipeáil lámhscríbhinní. Scríobh sé 'Maidin Luan Cincíse' (nó 'Buachaillí Loch Garman'), ina gcáineann sé muintir na Mumhan mar nár thaobhaigh siad le Loch Garman san Éirí Amach. Is é an fear céanna a scríobh 'Fuacht na Scailpese', ina gcaoineann sé cruachás a chlainne agus iad go dealbh bocht.

Máire Bhuí Ní Laoire
I gCiarraí a rugadh **Máire Bhuí Ní Laoire** (1724–1849), a chum 'Cath Chéim an Fhia', dán faoi chath a troideadh le linn do Chogadh na nDeachúna a bheith ar siúl. Ina cuid filíochta tugann sí pictiúr soiléir dúinn ar staid na tíre agus ar chruatan na ndaoine. Is ise a chum an aisling 'Fáinne an Lae'.

Art Mac Bionaid agus Nioclás Ó Cearnaigh

Ba dhaoine iad **Art Mac Bionaid** (1793–1879) as Ard Mhacha agus **Nioclás Ó Cearnaigh** (1802–74) as Dún Dealgan a chleacht ceard an fhile ach a bhfuil cáil orthu mar scríobhaithe. Rinne siad sárobair ag bailiú agus ag cóipeáil lámhscríbhinní. Ba é Nioclás Ó Cearnaigh a scríobh an dán cáiliúil 'Cumha na Máthar fá Anbhás a Linbh'.

Amhlaoibh Ó Súilleabháin

Is é *Cín Lae Amhlaoibh Uí Shúilleabháin* príomhleabhar próis na naoú haoise déag. Rugadh **Amhlaoibh Ó Súilleabháin** (1780–1837) i gContae Chill Chainnigh, agus chuir sé dialann le chéile ag deireadh a shaoil. Chuir Tomás de Bhaldraithe an dialann in eagar sa bhliain 1974. Is leabhar an-tábhachtach é, mar tugann sé léargas dúinn ar shaol sóisialta an ama sin.

Na cumainn liteartha

Fad a bhí litríocht bheo na ndaoine ag fáil bháis, bhí suim mhór á cur i seanlitríocht na Gaeilge ag uasaicme na tíre. I rith an chéid bunaíodh cumainn éagsúla liteartha. Faoi choimirce na gcumann sin bailíodh cnuasach lámhscríbhinní Gaeilge agus foilsíodh saothair léannta Ghaeilge chomh maith le leabhair ghramadaí agus foclóirí. Caithfear a rá gur bheag suim a bhí ag na daoine a raibh baint acu leis na cumainn liteartha sin i gcaint bheo na ndaoine. Ar ndóigh, ní raibh sé soiléir d'aon duine go raibh caint na ndaoine i mbaol, sa chéad leath den chéad ar aon nós.

Bunaíodh **Acadamh Ríoga na hÉireann** sa bhliain 1785 chun scoláireacht na hÉireann a chur chun cinn.

Cuireadh an **Gaelic Society of Dublin** ar bun sa bhliain 1807. Bhí an tAthair **Pól Ó Briain**, ollamh le Gaeilge i Maigh Nuad, ina bhall den chumann. D'fhoilsigh seisean agus baill eile den chumann leabhair ghramadaí.

Sa bhliain 1818 bunaíodh an **Iberno-Celtic Society**, a chuir foclóir le h**Edward Ó Raghallaigh** i gcló.

Bunaíodh an **Archaeological Society** sa bhliain 1840 agus an **Celtic Society** in 1845. Ba mhór an chabhair a thug an dá chumann seo do Sheán Ó Donnabháin a shaothar a fhoilsiú. Sa bhliain 1853 bunaíodh an **Ossianic Society**, agus d'fhoilsigh an cumann sin téacsanna Fiannaíochta thar na blianta.

Seán Ó Donnabháin agus Eoghan Ó Comhraí

Rinne **Seán Ó Donnabháin** (1806–61) agus **Eoghan Ó Comhraí** (1794–1863) sárobair ar son na Gaeilge. Cainteoirí Gaeilge ó dhúchas a raibh tuiscint acu ar thraidisiún na Gaeilge ba ea an bheirt acu. Nuair a tosaíodh ar obair na Suirbhéireachta Ordanáis toghadh an bheirt mar bhaill den fhoireann suirbhéireachta. Is iad a réitigh an bealach do lucht na hAthbheochana ag deireadh na naoú haoise déag.

Rugadh Seán Ó Donnabháin i gCill Chainnigh. Thaistil sé an tír agus rinne sé staidéar ar logainmneacha. Tá seanchas agus stair faoi áiteanna éagsúla le fáil sna leabhair leis a dtugtar 'Ordnance Survey Letters' orthu. Chuir sé Annála Ríochta Éireann agus Dlíthe na mBreithiúna in eagar, agus scríobh sé graiméar Gaeilge. Sa bhliain 1849 ceapadh é ina ollamh le Gaeilge i gColáiste na Banríona, Béal Feirste.

Rugadh Eoghan Ó Comhraí i gContae an Chláir. Bhailigh sé an-chuid lámhscríbhinní agus chuir in eagar iad. Ceapadh é ina ollamh le stair agus le seandálaíocht san Ollscoil Chaitliceach, a bhunaigh an Cairdinéal Newman sa bhliain 1854.

Scoláirí móra na Gaeilge

Sa bhliain 1853 d'fhoilsigh **Johann Zeuss** (1806–56), scoláire ón nGearmáin, *Grammatica Celtica* (féach lch 3 agus 9). Is é Zeuss a thug eolas ar an tSean-Ghaeilge dúinn agus a lig do scoláirí staidéar a dhéanamh ar na lámhscríbhinní ársa. Uaidh sin amach rinne scoláirí staidéar léannta ar an tSean-Ghaeilge agus ar an Meán-Ghaeilge. Orthu sin bhí **Ernst Windisch** (1844–1918), **Kuno Meyer** (1858–1919), agus **Heinrich Zimmer** (1851–1940) as an Ioruaidh agus **Carl Marstrander** as an tSualainn, a luann **Tomás Ó Criomhthain** mar dhuine de na scoláirí a thagadh ar cuairt chuige ar an mBlascaod Mór. I Sasana bhí **Robin Flower** (1881–1946), a bhí ina chara do Thomás Ó Criomhthain agus a scríobh *The Irish Tradition*. Is é an fear seo a scríobh síos *Seanchas ón Oileán Thiar* ó bhéal an Chriomhthannaigh agus a chuir Béarla ar a leabhar cáiliúil, *An tOileánach*. Ag saothrú sa ghort céanna bhí na hÉireannaigh **Dúghlas de Híde** (1862–1949), **Eoin Mac Néill** (1867–1945), an tAthair **Eoghan Ó Gramhna** (1863–99), **Osborn Bergin** (1872–1950), agus a lán daoine eile nach iad. Bhí an bealach réitithe anois don Athbheochan.

Athbheochan na Gaeilge
Irisleabhar na Gaeilge

Bhí **Dáithí Ó Coimín** (1854–1907) agus an tAthair **Eoin Ó Nualláin**, ollamh le Gaeilge i Maigh Nuad, ar na daoine a bhunaigh an **Society for the Preservation of the Irish Language** sa bhliain 1876. De bharr iarrachtaí an Choimínigh glacadh leis an nGaeilge mar ghnáthábhar sna scoileanna, agus chuir sé féin téacsleabhair shimplí Ghaeilge ar fáil. Sa bhliain 1878 d'fhág sé an cumann agus bhunaigh sé **Aontacht na Gaeilge** nó an Gaelic Union. Chuir Aontacht na Gaeilge *Irisleabhar na Gaeilge* ar bun, agus bhí Dáithí Ó Coimín ina chéad eagarthóir air. Ó thaobh na hathbheochana de ba mhór an dul chun cinn go raibh meán cumarsáide ag lucht na Gaeilge. Bhí deis anois ag scríbhneoirí Gaeilge a gcuid smaointe a chur i gcló. Ach iris léannta ba ea í. Nuair a ceapadh **Seán Pléimeann** ina eagarthóir sa bhliain 1884 bheartaigh sé ar an iris a dhéanamh níos suimiúla agus í a chur in oiriúint don ghnáthléitheoir.

Conradh na Gaeilge

Sa bhliain 1893 bhunaigh Dúghlas de Híde, Eoin Mac Néill agus an tAthair Eoin Ó Gramhna **Conradh na Gaeilge**. Is í an aidhm a bhí ag an gConradh ná an Ghaeilge a athbheochan mar ghnáththeanga labhartha na ndaoine agus nualitríocht a bhunú. Bunaíodh craobhacha den Chonradh ar fud na tíre. Cuireadh múinteoirí timpeall na tíre chun ranganna Gaeilge a chur ar bun, agus cuireadh leabhair shimplí Ghaeilge amach a d'oirfeadh do na scoileanna agus d'fhoghlaimeoirí. Bhí cáil mhór ar *Simple Lessons in Irish* leis an Athair Ó Gramhna.

Sa bhliain 1897 bunaíodh **Oireachtas na Gaeilge**, féile chultúrtha bhliantúil a bhronnann duaiseanna ar scríbhneoirí, cheoltóirí, rinceoirí, amhránaithe, srl. Ba é *An Claidheamh Soluis* an nuachtán a bhí ag an gConradh, agus bhí Pádraig Mac Piarais ina eagarthóir air ar feadh tamaill fhada. Sa bhliain 1900 cuireadh Coiste na bhFoilseachán ar bun, agus is iontach an méid leabhar a foilsíodh uaidh sin amach. Bhí Dúghlas de Híde ina chéad uachtarán ar an gConradh agus ina chéad Uachtarán ar Éirinn ina dhiaidh sin.

Fórsa mór náisiúnta ba ea an Conradh. Bhí daoine ann a raibh baint acu le Sinn Féin, na Fíníní, agus Cumann Lúthchleas Gael, agus fiú le hAthbheochan litríocht an Bhéarla in Éirinn. Ar ndóigh, bhí baint mhór ag na gluaiseachtaí go léir lena chéile agus le gluaiseacht na saoirse.

1904 – Pádraig Ó Duinnín
Foclóir Gaeilge Béarla

10
An Ghaeilge san Fhichiú hAois

20th century

Caighdeánú na Gaeilge – *Standardising*
Thuig lucht na hAthbheochana go gcaithfí litriú agus gramadach na Gaeilge a chaighdeánú. Ní hamháin go raibh difríochtaí móra idir na canúintí ach bhí litriú de gach sórt á úsáid. Ní raibh ach fíorbheagán den phobal a raibh léamh agus scríobh na Gaeilge acu. Ní raibh Tomás Ó Criomhthainn fiú, scríbhneoir mór an Bhlascaoid Mhóir, ábalta scríobh go dtí go raibh sé imithe in aois. Bhí gá le Gaeilge chaighdeánach chun go mbeadh daltaí scoile agus an pobal i gcoitinne in ann an Ghaeilge a fhoghlaim agus chun go mbeadh ábhar oiriúnach léitheoireachta ar fáil.

D'fhoilsigh an tAthair **Pádraig Ó Duinnín** a fhoclóir cáiliúil Gaeilge–Béarla sa bhliain 1904, agus méadaíodh é i 1927 agus 1934. Bhí an foclóir sin á úsáid go coitianta go dtí gur foilsíodh *Foclóir Gaeilge–Béarla* le **Niall Ó Dónaill** sa bhliain 1977. Rinne an Duinníneach iarracht caighdeán de shórt éigin a chur i bhfeidhm. Ba leasc leis glacadh le hiasachtaí, cé go raibh cuid mhaith díobh sa teanga cheana féin. Cheap sé nár cheart glacadh le focal iasachta dá mbeadh focal dúchasach sa teanga ag freagairt dó. Dar leis, ba cheart go mbeadh focal nuachumtha bunaithe ar fhocal dúchasach. San fhoclóir pléann sé le focail sna canúintí go léir agus le focail ársa sa Ghaeilge. Míníonn sé focail mar ar bhain siad leis an mbéaloideas, leis an gcreideamh, le nósanna, agus mar sin de.

Everything was simplified

Maidir leis an litriú, uaireanta úsáideann sé foirm shimplí, m.sh. 'gnó' in áit 'gnóth' agus 'gnás' in áit 'gnáthas'. Níor ghlac sé le **ú** mar dheireadh ag na hainmneacha briathra: tá 'tosughadh' aige in áit 'tosú', agus 'bailiughadh' aige in áit 'bailiú'. Chloígh sé leis an bhfoirm shimplí **aí** san uimhir iolra: tá 'madraí' aige in áit 'madraidhe'. Ach níor shimpligh sé an uimhir uathu: tá 'cleasaidhe' aige in áit 'cleasaí'.

Maidir leis na haidiachtaí, tá 'suimeamhail' aige in áit 'suimiúil'. Chloígh sé le **–idheacht** sna hainmfhocail: tá 'cleasaidheacht' aige in áit 'cleasaíocht'.

Cuireadh **Rannóg an Aistriúcháin** ar bun i dtithe an Oireachtais sa bhliain 1922. Bhí sé de chúram ar an rannóg Gaeilge a chur ar na dlíthe go léir a reachtaíodh sa Dáil. B'éigean do na haistritheoirí téarmaíocht a cheapadh nach raibh sa Ghaeilge go dtí sin agus an Ghaeilge a chur in oiriúint chun plé le gach gné den saol. Cuireadh an Gúm ar bun sa bhliain 1926. D'fhoilsigh an Gúm leabhair don Roinn Oideachais, agus d'fhostaigh sé scríbhneoirí chun saothair mhóir i litríocht na hEorpa a aistriú go Gaeilge. Sa tslí sin bheartaigh an roinn ar litríocht a chur ar fáil láithreach. Ar ndóigh, bhí baint mhór ag an nGúm le caighdeánú na Gaeilge.

Sa bhliain 1927 cuireadh an Coiste Téarmaíochta ar bun sa Roinn Oideachais. Ó shin i leith tá a lán foclóirí curtha amach ag an gcoiste. Is é an Coiste Téarmaíochta a chuireann an fhoirm chaighdeánach de na focail theicniúla ar fáil. Mar shampla, sa bhliain 1990 foilsíodh *Téarmaí Ríomhaireachta*, leabhar a sholáthraíonn na focail chaighdeánacha go léir is gá chun plé le cúrsaí ríomhaireachta i nGaeilge.

Thuig an Rialtas go raibh gá le foclóir nua Béarla–Gaeilge. Sa bhliain 1935 foilsíodh *Foclóir Béarla agus Gaedhilge* leis an Athair Láimhbheartach Mac Cionnaith. Ba é aidhm an fhoclóra sin focail Ghaeilge a chur ar fáil a d'fhreagródh do ghnáthfhocail choitianta Bhéarla; ach fágadh a lán focal Béarla ar lár, agus bhí sé easnamhach do dhaoine a bheadh ag foghlaim na Gaeilge.

Sa bhliain 1945 d'fhoilsigh Rannóg an Aistriúcháin *Litriú na Gaeilge,* agus i 1953 cuireadh *Gramadach na Gaeilge agus Litriú na Gaeilge: an Caighdeán Oifigiúil* i gcló. Bhí gramadach agus litriú caighdeánach ann ansin chun treoir a thabhairt, go mór mór d'fhoghlaimeoirí na teanga. Is é atá i gceist leis an litriú caighdeánach, a bheag nó a mhór, ná go litrítear an focal de réir a fhuaime. Is é sin le rá, tá sé i bhfad níos simplí ná an seanlitriú.

Bhain Rannóg an Aistriúcháin úsáid as an *cló rómhánach* ó thús; ach is é an *cló Gaelach* a bhí á úsáid ag an nGúm go dtí na caogaidí. Bhí an scéal mar an gcéanna ag an Roinn Oideachais, mar ní raibh go leor leabhar sa chló rómhanach ar fáil a bhí oiriúnach do na scoileanna.

Sa bhliain 1959 cuireadh an *English–Irish Dictionary* le Tomás de Bhaldraithe i gcló, agus foilsíodh *Foclóir Gaeilge–Béarla* Néill Uí Dhónaill i 1977. Is foclóirí caighdeánacha iad seo, agus níl tagairt do na canúintí iontu. Is cabhair mhór iad do lucht na Gaeilge agus d'fhoghlaimeoirí na teanga. Ar ndóigh, tá siad scríofa sa chló rómhánach.

Tá an Comhairle Náisiúnta Measúnachta agus Curaclaim ar bun anois. Tá múinteoirí, oideachasóirí srl. ina mbaill den chomhairle, a chomhairlíonn an Rialtas i leith na n-ábhar éagsúla sna scoileanna. Faoi láthair ba cheart go mbeadh sé ar chumas dalta éirí go geal leis nó léi i scrúduithe Gaeilge na Roinne Oideachais, mar tá páipéir éagsúla scrúdaithe ann a oireann do gach dalta, bíodh sé nó sí maith nó lag.

Tá an Ghaeilge chaighdeánach faoi lánseol anois, agus is mór an chabhair í do phobal na Gaeilge agus d'fhoghlaimeoirí. Ar ndóigh, tá na canúintí ann fós, agus is maith an rud é go bhfuil, mar is mór an saibhreas Gaeilge atá iontu. Tá litríocht chumasach á scríobh sna canúintí faoi láthair, ach is féidir le haon duine a bhfuil Gaeilge mhaith aige, bíodh sin Gaeilge chanúnach nó Gaeilge chaighdeánach, an litríocht sin a léamh agus cur lena chuid Gaeilge.

1904 - Padraig O Duinnin
Foclóir Gaeilge-Bearla
1926 - Gum - Saothar Mór litríocht.
1936 - Bearla-Gaeilge Fáil an t-ath Mac Cionnaithe
1959 - Tomas De Bhaldraithe Foclóir Gaeilge Bearla
1928 - Taidhdhearc Na Gaillimh Cead Amharclann Gaeilge.

Bhí siad ann { Siobhan McKenna
Mairtin O'Direain
Padraig O Conaire

11
Béaloideas na Gaeilge

Is é atá sa bhéaloideas ná traidisiún nó dúchas an phobail a mhaireann i mbéal na ndaoine agus a chuirtear leis ó aois go haois. Is é sin, is traidisiún béil nó seanchas é. Baineann an béaloideas le scéalta, piseogacht, nósanna, logainmneacha, leigheasanna, paidreacha, mallachtaí, srl. Is é sin le rá, baineann sé le gach gné de shaol an duine trí na haoiseanna. Tuigtear anois go bhfuil an béaloideas an-tábhachtach. Tugann sé tuiscint dhomhain dúinn ar shaol sóisialta an phobail agus ar nádúr an duine i ré áirithe. Ní haon ionadh ansin go bhfuil suim mhór á cur sa bhéaloideas faoi láthair ag scoláirí éagsúla.

Ní raibh an scríbhneoireacht ag na Gaeil roimh theacht don Chríostaíocht go hÉirinn. Ní raibh ag daoine ach saíocht an traidisiúin bhéil chun ord agus eagar a chur ar a saol agus leanúnachas a thabhairt dó. Níor chuir an Chríostaíocht i gcoinne an traidisiúin in Éirinn. Glacadh leis agus caomhnaíodh an béaloideas sna lámhscríbhinní ó aois go haois. Ar ndóigh, cailltear cuid den bhéaloideas ó ghlúin go glúin mura scríobhtar síos é. Is é a tharlaíonn ná go n-athraíonn an saol agus nach mbacann na daoine leis an gcuid sin den bhéaloideas nach mbaineann leis an saol nua.

An Fhiannaíocht

Ní féidir trácht ar an mbéaloideas gan tagairt a dhéanamh don Fhiannaíocht. D'eascair an litríocht seo ó na daoine. Is é sin le rá, ba bhéaloideas í ó thús, agus bhí scéalta Fiannaíochta i mbéal na ndaoine i bhfad sular scríobhadh iad. Cumadh iad don ghnáth dhuine agus don scéalaí a bheadh á n-insint. Ní haon ionadh ansin go raibh grá mór ag na daoine dóibh riamh agus gur mhair siad. Sin an fáth a bhfuil rian na Fiannaíochta le feiceáil ar shaothar scríbhneoirí an chéid seo, go mór mór ar litríocht Pheig Sayers. Ní hamhlaidh don Rúraíocht é (féach lch 18–21).

An Rúraíocht

Laochscéalta a bhaineann leis an gCraobhruadh atá againn sa Rúraíocht. Litríocht na n-uaisle a bhí inti ó thús, ach chuaigh na scéalta seo isteach sa bhéaloideas agus mhair siad i mbéal na ndaoine. Chuala gach aon duine faoi Tháin Bó Chuaille agus faoi dhaoine mar Chú Chulainn, Deirdre, agus Clann Uisnigh (féach lch 16).

An mhiotaseolaíocht

Tá scéalta de gach saghas le fáil sa bhéaloideas. Tá scéalta áille miotaseolaíochta a bhaineann le Tuatha Dé Danann ar eolas ag daoine. Is beag duine nár chuala an scéal 'Oidhe Chlann Lir'.

Síscéalta

Tá scéalta ann faoi na sióga agus faoi dhaoine a d'fhuadaigh siad. Ar ndóigh, tá a fhios ag gach aon duine nach ceart dul i ngar do lios nó dochar a dhéanamh dó, nó is dó is measa. Tá scéalta ann faoin bPúca agus faoin mBean Sí a chreid daoine go dtí le déanaí.

Scéalta fantasaíochta

Tá scéalta fantasaíochta ann a bhfuil téamaí uilíoch á bplé iontu. I scéalta mar seo maraíonn an fear óg ollphéist nó fathach agus pósann sé iníon an rí i ndeireadh na dála.

Na daoine agus an béaloideas

Ar ndóigh, bhaineadh an lucht éisteachta taitneamh mór riamh as na scéalta a léirigh an gnáthdhuine ag iarraidh constaicí móra an tsaoil a shárú. I scéalta mar 'An Cearrbhach Mac Cába' agus 'Séadna' feictear gur ghnáthdhuine é an phríomhphearsa a bhuaileann bob ar an mBás nó ar an Diabhail. Is dócha gur músclaíodh an mórtas cine sa lucht éisteachta nuair a chuala siad faoi dhuine díobh féin ag éirí leis sa saol agus gan aige ach a ghliceas dúchasach féin.

Scéalta eachtraíochta agus an phiseogacht

Tá scéalta faoi eachtraí agus faoi dhaoine stairiúla le fáil sa bhéaloideas. Ach ní ceart dearmad a dhéanamh ar an bpiseogacht a chleacht na daoine nó na féilte págánta—Bealtaine agus Samhain —agus na nósanna a bhain leo.

An dinnseanchas

Is cuid mhór den bhéaloideas an dinnseanchas. Is é atá i gceist anseo ná scéalta faoi na logainmneacha. Tá an dinnseanchas le fáil sna lámhscríbhinní, agus mínítear mar a fuair áiteanna éagsúla a n-ainmneacha. Chuir Seán Ó Donnabháin go mór leis an dinnseanchas, mar bhailigh sé stór mór de sheanchas agus stair faoi áiteanna éagsúla fad a bhí sé ag obair don tSuirbhéireacht Ordanáis.

Na seanfhocail

Cumadh na seanfhocail trí na haoiseanna, agus d'fheidhmigh siad chun saíocht na ndaoine a chaomhnú.

An béaloideas agus lucht na hAthbheochana

Chuir lucht na hAthbheochana suim mhór sa bhéaloideas, agus rinne siad sáriarracht ar é a chaomhnú. Tá an obair seo ar siúl fós. Mhúscail Dúghlas de Híde suim mhór sa bhéaloideas nuair a d'fhoilsigh sé *Leabhar Scéalaíochta* (1889). Bhailigh Séamas Ó Duilearga agus Caoimhín Ó Danachair agus daoine eile nach iad scéalta ó na daoine. Ba é Séamas Ó Duilearga a d'fhoilsigh *Leabhar Sheáin Uí Chonaill* (1948), cnuasach de scéalta a bhreac sé síos ó bhéal an tseanchaí. Ar ndóigh, bhí tionchar mór ag an mbéaloideas ar shaothar **William Butler Yeats**, **John Millington Synge**, agus **Augusta Gregory**.

Coimisiún Bhéaloideas Éireann

Sa bhliain 1927 bunaíodh Coimisiún Bhéaloideas Éireann, a raibh baint mhór ag Séamas Ó Duilearga leis. Tá cnuasach mór béaloidis—an cnuasach is mó ar domhan—i dtaisce anois agus á chur in eagar i gColáiste na hOllscoile, Baile Átha Cliath.

12
Litríocht na hAthbheochana, 1882–1940

Thug *Irisleabhar na Gaeilge, An Claidheamh Soluis,* Coiste Foilseachán an Chonartha, foclóir Gaeilge–Béarla an Athar Uí Dhuinnín agus an Gúm spreagadh do scríbhneoireacht na hAthbheochana agus tacaíocht phraiticiúil do na scríbhneoirí.

Rinneadh tagairt cheana do *Irisleabhar na Gaeilge* agus an tábhacht a bhain leis ag tús na hAthbheochana. Bhí seanscéalta de gach saghas le fáil ann, chomh maith le nuacheapadóireacht, idir phrós agus fhilíocht agus, fiú, dhrámaí. Sa tslí chéanna thug *An Claidheamh Soluis* cabhair do scríbhneoirí chomh maith le cúrsaí Gaeilge a phlé.

Sa bhliain 1900 chuir Conradh na Gaeilge **Coiste na bhFoilseachán** ar bun. Ba ghearr go raibh liosta mór leabhar foilsithe ag an gcoiste, saothair le Pádraig Mac Piarais agus le Pádraic Ó Conaire ina measc.

Sa bhliain 1904 foilsíodh Foclóir Gaeilge–Béarla an Athar Uí Dhuinnín. Ba chabhair mhór é an foclóir seo do scríbhneoirí agus d'fhoghlaimeoirí na Gaeilge.

Sa bhliain 1926 cuireadh an Gúm ar bun mar chuid den Roinn Oideachais. Chuir an Gúm roimhe litríocht Ghaeilge a chur ar fáil láithreach. Cuireadh scríbhneoirí mar Shéamas Ó Grianna, Seosamh Mac Grianna agus a lán eile nach iad i mbun Gaeilge a chur ar litríocht na hEorpa agus an Bhéarla. D'fhoilsigh an Gúm cuid mhaith de shaothair scríbhneoirí na hAthbheochana freisin.

Bhí fadhbanna móra ag baint le hiarrachtaí Chonradh na Gaeilge nualitríocht a bhunú. Bhí daoine ann a cheap gur cheart Gaeilge Chlasaiceach na seachtú haoise déag a úsáid mar mheán na nualitríochta. Bhí daoine eile ann a cheap gur cheart caint na ndaoine a úsáid. Chuir an tAthair **Peadar Ó Laoire** deireadh leis an argóint nuair a scríobh sé an scéal béaloidis *Séadna*. Bhí sé scríofa i gcaint bheo na ndaoine, agus bhí tóir mhór air mar litríocht. Scríobh sé an t-úrscéal *Niamh* (1907) agus a dhírbheathaisnéis, *Mo Scéal Féin* (1915).

D'fhoilsigh Dúghlas de Híde *Leabhar Scéalaíochta,* cnuasach béaloidis, sa bhliain 1889, agus foilsíodh *Casadh an tSúgáin,* dráma gearr, leis i 1901. Léirigh an **Irish Literary Theatre**, a bhí faoi threoir W. B. Yeats agus Lady Gregory, an dráma beag seo, agus cuireadh fáilte mhór roimhe.

Sa bhliain 1901 foilsíodh *Cormac Ó Conaill,* úrscéal leis an Athair Pádraig Ó Duinnín. Ag tús na hAthbheochana d'fhoilsigh sé cuid mhór drámaí a bhí bunaithe ar eachtraí stairiúla agus ar an mbéaloideas agus a lán saothar léannta chomh maith.

Níor chuir **Seán Mac Meanman** (1891–1962) roimhe ach dúchas na Gaeltachta a chaomhnú ina chuid litríochta. Scríobh sé *Scéalta Gairide Geimhridh* (1915) agus *Mám as mo Mhála* (1940), cnuasach de scéalta ar an seansaol.

Bhí tóir mhór ar an úrscéal *Pádraic Mháire Bhán* le Seán Ó Ruadháin (1883–1966), a foilsíodh sa bhliain 1932. Is deacair úrscéal a thabhairt air sa tslí go dtéann an t-údar ar seachrán ó thaobh scéil de agus go bhfuil foscéalta de gach saghas aige ann. An tuath atá aige mar shuíomh an scéil, agus tá an béaloideas go láidir ann.

Tá gearrscéalta, úrscéalta, aistriúcháin agus dánta scríofa ag Pádraic Óg Ó Conaire (1893–1971). Cuireadh suim mhór in úrscéal leis, *Ceol na nGiolcach,* nuair a foilsíodh é sa bhliain 1939. Is léiriú maoithneach ar shaol traidisiúnta na tuaithe den chuid is mó a bhíonn ina chuid litríochta.

Chloigh formhór scríbhneoirí na hAthbheochana le 'caint na ndaoine'. Ní dhearna siad iarracht forbairt a dhéanamh uirthi chun teanga liteartha nó stíl dá gcuid féin a chruthú. Ó thaobh ábhair de, is é saol traidisiúnta na tuaithe a léirigh siad, agus is pictiúr rómánsach maoithneach a thugtar dúinn den saol céanna a bhfuil an béaloideas go láidir ann. Is beag scrúdú a dhéantar ar mheon an duine sa litríocht sin.

Ar ndóigh, bhí eisceachtaí ann. Mhol Pádraig Mac Piarais agus Pádraic Ó Conaire litríocht a chruthu a bheadh ar aon chéim le litríocht na hEorpa ó thaobh ábhair agus téamaí de. Dar leo, ba cheart don scríbhneoir stíl phearsanta dá chuid féin a chothú agus gach gné den saol agus de mheon an duine a nochtadh go fírinneach. Cheap siad go raibh sé riachtanach suímh éagsúla a úsáid agus an béaloideas a sheachaint.

Sa bhliain 1907 foilsíodh *Íosagán agus Scéalta Eile* le **Pádraig Mac Piarais**. Má thógtar an scéal 'Íosagán', is léir go raibh an

Piarsach ag iarraidh gearrscéal nua-aimseartha a chruthú. Feictear an tosach tobann. Tá áit amháin agus am gearr i gceist, i dtreo is go bhfuil an scríbhneoir ábalta díriú ar ghné áirithe an duine agus léargas a thabhairt air. Ach ba bheag a scríobh an Piarsach. Is mar fhealsúnaí na hAthbheochana atá tábhacht ag baint leis. Is ina chuid filíochta is mó a fheictear an nua-aimsearthacht, mar is inti is fearr a léirítear a mheon pearsanta féin (féach lch 57).

Thar aon duine eile chuir **Pádraic Ó Conaire** (1883–1928) leis an iarracht nualitríocht a bhunú. Bhí sé ar aon intinn leis an bPiarsach nuair a dúirt sé go mba cheart na sean-nósanna traidisiúnta a sheachaint agus gach gné den saol a nochtadh. Ní raibh an Ghaeilge ag an gConaireach ó dhúchas, agus ní raibh an béaloideas go láidir ina shamhlaíocht. Thug sé sin saoirse dó ábhar leathan a tharraingt chuige agus stíl dá chuid féin a úsáid, stíl lom ghonta a bhí saor ó chora cainte. Nocht sé an saol go fírinneach mar a chonaic sé féin é. Bhí sé ina aonarán riamh, agus tá an coimhthíos agus an t-uaigneas le feiceáil go láidir ina chuid litríochta. Scríobh sé gearrscéalta den chéad scoth, mar *Neil* agus *Nóra Mharcais Bhig*. Tá na gearrscéalta is fearr atá againn uaidh le fáil in *Scothscéalta*, cnuasach a chuir Tomás de Bhaldraithe in eagar.

Níl úrscéal ar aon chéim le *Deoraíocht* i litríocht na hAthbheochana. Is minic a chuirtear i leith an leabhair seo go bhfuil lochtanna móra air; go bhfuil sé as riocht ó thaobh plota de. Ach má ghlactar leis go mbaineann an scéal le meon na príomhphearsan, feictear go bhfuil ord agus eagar air agus leoga gur litríocht chumasach í.

Foilsíodh *An Chéad Chloch* sa bhliain 1914, *Seacht mBua an Éirí Amach* i 1918, agus *Síol Éabha* i 1922. Cnuasaigh de ghearrscéalta atá iontu.

Seosamh Mac Grianna

Scríbhneoir eile a rinne sáriarracht litríocht nua-aimseartha a chruthú ba ea **Seosamh Mac Grianna** (1900–90). Rugadh i dTír Chonaill é, agus ba dhearthair é le Séamas Ó Grianna. Cé gur bhain sé úsáid as saol na Gaeltachta agus an béaloideas mar ábhar dá chuid litríochta, phléigh sé téamaí nua agus léirigh sé go domhain meon an duine. Tá an coimhthíos go láidir ina chuid litríochta, agus is minic 'an t-aonarán deighilte amach ó shaol an phobail' mar théama aige. Aonarán ba ea é féin a chuaigh a bhealach féin. Bhí ardmheas aige ar Phádraic Ó Conaire. Dar leis, ba cheannródaí i litríocht na hAthbheochana é an Conaireach. Lean an Griannach sampla Uí Chonaire agus sheachain sé na sean-nósanna traidisiúnta atá le feiceáil i litríocht scríbhneoirí eile a linne. D'fhoilsigh sé *An Grá agus an Gruaim*, cnuasach de ghearrscéalta, sa bhliain 1929 agus *Mo Bhealach Féin*, dírbheathaisnéis, sa bhliain 1940. Is staidéar domhain é seo ar a phearsantacht neamhghéilliúil neamhspleách féin. Foilsíodh an t-úrscéal *An Druma Mór* leis sa bhliain 1969.

Liam Ó Flaithearta

Níl scríofa i nGaeilge ag **Liam Ó Flaithearta** (1897–1984) ach *Dúil*, cnuasach de ghearrscéalta. Foilsíodh an leabhar sa bhliain 1953, ach bhí na scéalta á gcur i gcló ó na fichidí anuas. Is trua nár scríobh sé a thuilleadh, mar thug sé gearrscéalta den chéad scoth dúinn. Rugadh é in Árainn, agus is léir go raibh tionchar mór ag saol crua eiliminteach an oileáin ar a chuid litríochta.

Tá scéalta in *Dúil* faoi dhaoine agus faoi ainmhithe, ach is beag difríocht atá idir na daoine agus na hainmhithe céanna ó thaobh iompair de. Tá siad go léir múnlaithe mar an gcéanna ag timpeallacht chrua an oileáin. Is iad tréithe agus mothúcháin bhunúsacha a threoraíonn na pearsana agus a ligeann dóibh maireachtáil sa saol anróiteach seo. Sin an fáth a mbíonn an bua ag an neart ar an laige sna scéalta i gcónaí. Cé go mbíonn an saol traidisiúnta agus fiú an béaloideas mar ábhar aige, seachnaíonn sé sean-nósanna traidisiúnta scríbhneoirí eile na hAthbheochana. Níl maoithneas dá laghad le feiceáil ina shaothar. Pléann sé gnéithe an tsaoil agus meon an duine go neamhphearsanta fuarchúiseach, agus tá a chuid litríochta thar a bheith réalaíoch dá bharr.

Piaras Béaslaí

Bhí **Piaras Béaslaí** (1881–1965) ar aon intinn le Pádraig Mac Piarais agus le Pádraic Ó Conaire i dtaobh na nualitríochta. Scríbhneoir próis agus filíochta ba ea é, agus bhí sé go mór faoi thionchar litríocht na hEorpa. Ghlac sé páirt mhór i ngluaiseacht na hAthbheochana, agus mar dhrámadóir agus aisteoir rinne sé a dhícheall drámaíocht Ghaeilge a chur chun cinn mar chuid de litríocht na hAthbheochana. Sa bhliain 1946 cnuasaíodh a ghearrscéalta faoin teideal *Earc agus Áine agus Scéalta Eile*.

Séamas Ó Grianna

Rugadh **Séamas Ó Grianna** (1891–1969) i dTír Chonaill, agus ba dheartháir é le Seosamh Mac Grianna. Scríbhneoir éifeachtach ba ea é a scríobh faoin ainm cleite 'Máire' agus a bhfuil saol na Gaeltachta agus an béaloideas mar ábhar aige ina shaothar. Is léir go raibh tuiscint aige ar shaol na Gaeltachta agus ar mheon na ndaoine, ach níor chuir sé roimhe déileáil le téamaí nua-aimseartha ná iniúchadh a dhéanamh ar mheon an duine. Is trua sin, mar is léir go mbeadh sé ar a chumas litríocht chruthaitheach den chéad scoth a chruthú ach cur chuige. Ag deireadh a shaoil d'éirigh sé lagmhisniúil i dtaobh na Gaeilge agus d'éirigh sé as an scríbhneoireacht. Scríobh sé *Cith agus Dealán* (1926), cnuasach de ghearrscéalta, na húrscéalta *Mo Dhá Róisín* (1921) agus *Caisleán Óir* (1924), agus na dírbheathaisnéisí *Nuair a Bhí Mé Óg* (1942) agus *Saol Corrach* (1945).

Pádraig Ó Siochfhradha

Chomh maith lena shaothar léannta scríobh **Pádraig Ó Siochfhradha** (1883–1964)—nó 'An Seabhac', mar is fearr aithne air—*An Baile Seo 'Gainne* (1913) agus *Jimín Mháire Thaidhg* (1921), dhá leabhar grinn a raibh tóir mhór orthu. Scéalta greannmhara faoi phobal beag tuaithe atá sa chéad leabhar, agus scéal Jimín agus na heachtraí scléipeacha a bhaineann leis atá sa dara ceann.

Dírbheathaisnéisí

Gné ar leith de litríocht na hAthbheochana is ea na dírbheathaisnéisí. Foilsíodh *Mo Scéal Féin* leis an Athair **Peadar Ó Laoire** sa bhliain 1915. Sa leabhar seo tugtar cuntas dúinn ar a óige, ar a shaol i Maigh Nuad, ar a shaol mar shagart i bparóistí éagsúla, ar Chonradh na Talún, agus ar Chonradh na Gaeilge.

Sa bhliain 1929 foilsíodh *An tOileánach* le **Tomás Ó Criomhthainn**, ina dtugtar léargas soiléir dúinn ar shaol an Bhlascaoid Mhóir.

Sa leabhar *Peig* (1936) tá cuntas ar óige **Pheig Sayers** i gCorca Dhuibhne agus ar a saol ar an mBlascaod Mór.

In *Fiche Bliain ag Fás* (1933) le **Muiris Ó Súilleabháin** tugtar cuntas ar a shaol ar an mBlascaod Mór óna óige go dtí gur fhág sé an t-oileán ina ógfhear.

Bhí cáil mhór ar na leabhair sin riamh. Is cáipéisí tábhachtacha sóisialta iad a gcuireann staraithe agus socheolaithe suim mhór iontu. Ach cáineadh na beathaisnéisí seo mar, dar lena lán, nach raibh siad ag teacht le litríocht nua-aoiseach chruthaitheach.

Scríobh **Brian Ó Nualláin** nó 'Myles na Gopaleen' leabhar grinn, *An Béal Bocht* (1941). Aoir is ea é ina gcaitheann sé anuas ar an léiriú a dhéantar ar an saol bocht traidisiúnta. Ach níorbh é sin deireadh an scéil. Ó shin i leith is liosta le háireamh na beathaisnéisí agus na húrscéalta bunaithe ar shaol na Gaeltachta a cuireadh i gcló.

13
Prós-Scríbhneoirí na Linne Seo

Bhí gluaiseacht na Gaeilge faoi lagbhrí sna fichidí agus sna tríochaidí. Is é a tharla ná go rabhthas ag brath ar an stát agus go háirithe ar na scoileanna chun an Ghaeilge a chur chun cinn. Tháinig athrú ar an scéal, áfach. Sa bhliain 1939 athbhunaíodh Oireachtas na Gaeilge den chéad uair ó 1924, agus ba ghearr go raibh iris á foilsiú ag Conradh na Gaeilge arís. (*Feasta* a dtugtar ar iris an Chonartha ó 1948.) Sa bhliain 1942 bunaíodh an míosachán *Comhar*, agus i 1943 foilsíodh an chéad eagrán de *Inniu*, nuachtán seachtainiúil. Sa bhliain 1947 bunaíodh an Club Leabhar, a sholáthraigh poiblíocht agus margadh do scríbhneoirí na Gaeilge.

Thug na himeachtaí sin go léir spreagadh do scríbhneoirí na Gaeilge, agus cumadh litríocht de gach saghas ó na daichidí anuas go dtí an lá atá inniu ann. Leanadh de bheith ag scríobh na ndírbheathaisnéisí agus cuimhní cinn: *Is Trua ná Fanann an Óige* (1953) le **Micheál Ó Gaoithín**, *Rothaí Mór an tSaoil* (1959) le **Mící Mac Gabhann**, *An tOileán a Tréigeadh* (1974) le **Seán Sheáin Ó Cearnaigh**, srl. Is dócha go mbeidh tóir riamh ar litríocht dá sórt, mar baineann daoine an-taitneamh aisti. Scríobhadh úrscéalta agus gearrscéalta, idir throm agus éatrom, a raibh éagsúlacht ag baint leo go léir ó thaobh stíle agus ábhair de.

I measc na scríbhneoirí a sholáthair próslitríocht ó na daichidí anuas tá na húdair seo a leanas.

Máirtín Ó Cadhain
Rugadh **Máirtín Ó Cadhain** (1907–70) i gConamara. Poblachtach agus sóisialaí ba ea é. Nuair a bhí sé ina ógfhear briseadh as a phost mar mhúinteoir é de bharr go raibh baint aige le gluaiseacht na poblachta. Mar phoblachtach chaith sé na blianta 1940–45 mar phríosúnach i gCampa an Churraigh, mar ar mhúin sé Gaeilge do na príosúnaigh eile.

Ba scoláire agus scríbhneoir mór Gaeilge é a raibh clú domhanda air. Bhí sé ina shaineolaí ar na teangacha Ceilteacha, agus chaith sé a shaol ag troid ar son na Gaeilge agus ar son chearta sibhialta na Gaeltachta. Ceapadh é ina léachtóir le Gaeilge i gColáiste na Tríonóide, Baile Átha Cliath, sa bhliain 1956 agus ina ollamh sa bhliain 1969.

Is é an t-úrscéal *Cré na Cille* a mhórshaothar. Tá sé scríofa i bhfoirm agallaimh idir na daoine atá faoin bhfód i reilig. B'iontach an tseift í seo, mar b'fhéidir leis cur leis na pearsana nuair ba mhian leis. Cé gur daoine de phobal tuaithe na Gaeltachta atá le feiceáil sa scéal, ní ceart an leabhar a mheas mar léiriú ar shaol na Gaeltachta amháin ná ar a muintir. Is léiriú ar dhaoine i gcoitinne atá sa saothar seo.

Ba cheannródaí é an Cadhnach i litríocht nua-aimseartha na Gaeilge, agus is gné thábhachtach dá shaothar an léiriú domhain a thugann sé ar nádúr an duine. Scríbhneoir triallach ba ea é a bhí ina eiseamláir do na scríbhneoirí a lean é. Ar ndóigh, níor sholáthair sé gnáthléitheoireacht do ghnáthdhaoine. Bíonn sé deacair a shaothar a thuiscint. Is gné láidir dá chuid stíle í an foclachas, agus is minic a úsáideann sé focal nach dtuigfeadh cainteoir dúchais fiú.

Micheál Mac Liammóir

Aisteoir, drámadóir, ealaíontóir, scríbhneoir agus file ba ea **Micheál Mac Liammóir** (1899–1978). D'fhoghlaim sé an Ghaeilge i ranganna de chuid Chonradh na Gaeilge i Londain roimh theacht dó go hÉirinn sa bhliain 1916. I gcumann le Hilton Edwards léiríodh a dhráma *Diarmaid agus Gráinne* sa bhliain 1928, agus sa bhliain chéanna bhunaigh an bheirt acu Amharclann an Gheata i mBaile Átha Cliath. Ar ndóigh, ba dheacair trácht ar amharclannaíocht na hÉireann gan tagairt a dhéanamh do Mhicheál Mac Liammóir. Scríobh sé *Lá agus Oíche* (1929), cnuasach de ghearrscéalta, agus *Ceo Meala Lá Seaca* (1952), leabhar dírbheathaisnéise.

Ní mórscríbhneoir é Mac Liammóir, ach is cinnte dá mbeadh a thuilleadh mar é ann in aimsir na hAthbheochana nach mbeadh orainn fanacht chomh fada sin le go dtiocfadh litríocht chruthaitheach nua-aimseartha ar an bhfód. Bhí tuiscint mhór aige ar ghluaiseacht ealaíne agus litríochta na hEorpa agus meon oscailte a lig dó a bheith triallach ceannródaíoch ina iarrachtaí. Is í an tsamhlaíocht a bhí go smior ann a thug anamúlacht dá chuid litríochta. Dúirt sé féin tráth gur mhothaigh sé go raibh dhá shaol ann a bhí i ngar dá chéile, an saol réalach agus saol eile a bhí diamhrach draíochta. Is minic ina chuid gearrscéalta a thagann claochlú ar gach rud agus a bhrúnn atmaisféar diamhrach isteach. Ní haon ionadh gur thug sé *Lá agus Oíche* ar a chnuasach gearrscéalta.

Pádraig Ua Maoileoin

Rugadh **Pádraig Ua Maoileoin** (1913–) i gCorca Dhuibhne, agus is garmhac é do Thomás Ó Criomhthainn, scríbhneoir mór an Bhlascaoid Mhóir. Chaith sé tríocha bliain dá shaol sa Gharda Síochána, agus d'oibrigh sé ar an bhfoclóir Gaeilge–Béarla a chuir Niall Ó Dónaill in eagar. Tá tábhacht mhór shóisialta ag baint lena shaothar. Thuig sé seansaol traidisiúnta Chorca Dhuibhne agus léiríonn sé na hathruithe socheolaíochta agus eacnamaíochta a tháinig air. Léiríonn sé chomh maith na hathruithe a tháinig ar mheon na ndaoine faoi thionchar an tsaoil nua-aimseartha.

In *Na hAird ó Thuaidh* (1960) tugann sé cuntas dúinn ar an athrú saoil seo. Ar ndóigh, rinne sé iarracht macánta litríocht chruthaitheach nua-aimseartha atá fréamhaithe i saol tuaithe Chorca Dhuibhne a chruthú. In *Bríde Bhán* (1968) feictear ógbhean neamhspleách ag cur in aghaidh shaol cúng na tuaithe agus luachanna an phobail. In *Ó Thuaidh* (1983) léirítear an deighilt a tharlaíonn sa phobal tuaithe seo faoi bhrú an tsaoil tráchtála, cuid acu ag fáiltiú roimh an saol nua fad a chuireann cuid eile ina aghaidh.

Eoghan Ó Tuairisc

Rugadh **Eoghan Ó Tuairisc** (1919–78) i mBéal Átha na Sluaighe. Scríbhneoir, file agus drámadóir ba ea é. Nuair a foilsíodh a úrscéal *L'Attaque* (1962) aithníodh láithreach é mar mhórshaothar. Eachtra a bhaineann le teacht na bhFrancach i dtír i gCill Ala sa bhliain 1798 is ea é. Osclaíonn an scéal le pictiúr compordach tíriúil de Mháirtín Dubh agus a bhean chéile. Críochnaíonn sé le bás Mháirtín agus le hár uafásach. Sa saothar seo pléitear leis an téama gur beag is fiú an duine i gcomhthéacs imeachtaí móra. Is téama é seo a fheictear go minic i litríocht nua-aimseartha, is é sin le rá go bhfuil fórsaí móra sa saol atá beag beann ar indibhidiúlacht an duine agus a dhéanann neamhní de. In *Dé Luain* (1966) insíonn sé scéal Éirí Amach 1916 agus na ndaoine a ghlac páirt ann.

Diarmaid Ó Súilleabháin

Duine de mhórscríbhneoirí ar linne ba ea **Diarmaid Ó Súilleabháin** (1932–85), a raibh tionchar mór aige ar na scríbhneoirí nua-aimseartha a tháinig ina dhiaidh. Is iontach an fhorbairt a tháinig ar a chuid litríochta i ndiaidh a n-iarrachtaí tosaigh. Tar éis *Súil le Muir* (1959) agus *Dianmhuilte Dé* (1964) d'aistrigh sé a stíl agus a ábhar ar fad. Sna leabhair *Caoin Tú Féin* (1967), *An Uain Bheo* (1968) agus *Maeldún* (1972) cuireann sé Éire sna seascaidí os ár gcomhair. Dar leis, sochaí shaorga mhínádúrtha is ea í ina bhfuil an rachmas ina dhia agus tóir ar gach béas agus smaoineamh a thagann an tír isteach. Feictear daoine deighilte amach ón saol agus an coimhthíos ag bagairt orthu de bharr nach mbíonn fréamhacha acu sa saol céanna. Litríocht eiseach atá againn anseo, agus ó thaobh stíle de úsáideann an t-údar teicnící éagsúla, go mór mór an 'sruth meabhraíochta'.

Breandán Ó Doibhlin

I dTír Eoghain a rugadh an tAthair **Breandán Ó Doibhlin** (1931–). Scríbhneoir, léirmheastóir agus file is ea é, agus tá sé faoi láthair ina ollamh le nuatheangacha i gColáiste Phádraig, Maigh Nuad. Scríobh sé *Néal Maidine agus Tine Oíche,* ina dtreoraíonn taoiseach a mhuintir ar aistear fada go tír ina mbeidh saoirse acu a ndúchas a chaomhnú. Úsáidtear an téama Bíobalta—Maois ag treorú a mhuintire go dtí an Tír Tairngire—mar mheafar do mhuintir na hÉireann ar thóir a ndúchais. Is é atá á rá sa leabhar seo aige ná go bhfuil a ndúchas caillte ag muintir na hÉireann agus gur riachtanach dóibh filleadh air más mian leo teacht ar a bhféiniúlacht féin.

In *An Branar Gan Cur* ní labhraíonn an príomhphearsa focal le haon duine le linn turas traenach ach é ag machnamh ar a chás féin agus ag iarraidh teacht air féin mar dhuine. Léirítear an coimhthíos agus an corraíl anama go láidir sa scéal mar gur duine imeallach é atá ag iarraidh a phearsantacht agus a áit féin sa saol seo a aimsiú. Is litríocht eiseach í seo a léiríonn chomh mór is a bhí an t-údar faoi thionchar litríocht na Fraince.

Dónall Mac Amhlaigh

Rugadh **Dónall Mac Amhlaigh** (1926–89) i nGaillimh agus fuair sé a chuid oideachais i gCill Chainnigh. Chaith sé a shaol ag obair mar oibrí neamhoilte ó bhí sé cúig bliana déag d'aois, in Éirinn ar dtús agus i Sasana ó na caogaidí ar aghaidh. Bhí tóir mhór ar *Dialann Deoraí* (1960), ina dtugann sé sceitseanna pearsanta de na hÉireannaigh a d'oibrigh i Sasana mar sclábhaithe agus oibrithe tógála.

Is é *Deoraithe* (1986) a mhórshaothar, mar is ann a thugann sé léargas cuimsitheach ar shaol na nÉireannach a d'oibrigh i Sasana mar oibrithe neamhoilte ó na caogaidí anuas. Is é cuntas fírinneach a thugann sé, mar tá sé ag caint óna thaithí féin, agus ní cheileann sé aon ní. Ba cheart dúinn a bheith buíoch do Dhónall Mac Amhlaigh as an léiriú a thugann sé ar shaol na mílte a d'fhág Éire, mar is beag atá scríofa fúthu agus is cinnte nach mbeidh a leithéidí arís ann.

Aoir éatrom is ea *Schnitzer Ó Sé* (1974) ar lucht liteartha na hÉireann. Tá sé thar a bheith greannmhar mar a dhéanann sé scigaithris ar gheáitsí agus stíl daoine móra liteartha. Féach mar a chuireann sé an file Seán Ó Ríordáin inár láthair:

> An mó Schnitzer i Schnitzer? An mó de Schnitzer ionainn go léir? Mar is follas go bhfuilimid Schnitzeraithe ... Is lena theanga a dhéanann Schnitzer Schnitzerú ar an saol ina thimpeall ...

Breandán Ó hEithir

Rugadh **Breandán Ó hEithir** (1930–90) i nGaillimh agus tógadh i gCill Rónáin, Árainn, é. Uncail dó ba ea an scríbhneoir Liam Ó Flaithearta. Tuairisceoir, tráchtaire, iriseoir agus scríbhneoir ba ea é. Bhí tóir mhór ar a úrscéal *Lig Sinn i gCathú* (1976). Is é ábhar an leabhair seo imeachtaí mhac léinn ollscoile thar cúig lá agus é ag iarraidh teacht ar réiteach i dtaobh a fhadhbanna pearsanta. Is iontach an méid pearsan a chuireann sé os ár gcomhair, agus bhí sé tugtha go mór don mhagadh.

Is é *Sionnach ar Mo Dhuán* (1988) a mhórshaothar. Tá sé i bhfoirm leabhar a scríobhann duine agus é faoi ghlas in ospidéal meabhrach. Tugtar léargas dúinn ar dhuine a chuaigh ar a aimhleas agus a chaitheann a laethanta le drabhlás ach a thagann ar thuiscint éigin ar a shaol agus air féin sa deireadh.

Bhí gá mór le leabhair Uí Eithir. Litríocht fhiúntach is ea iad a d'fhéadfadh an gnáthléitheoir a thuiscint, mar is i gcaint nádúrtha an ghnáthdhuine a scríobh sé.

Scríbhneoirí eile

Tá tagairt tuillte ag **Donncha Ó Céileachair** (1918–60) agus a dheirfiúr **Síle Ní Chéileachair** (1926–). Scríobh an bheirt acu an cnuasach gearrscéalta *Bullaí Mhártain* (1955).

Is cóir **Cathal Ó Sandair** (1922–) a lua mar go ndearna sé a chion féin chun litríocht eachtrúil a sholáthar do dhaoine óga. Is é a chruthaigh an bleachtaire Reics Carlo, a thug pléisiúr don aos óg ó 1942 anuas.

Rugadh **Pádraig Standún** i gContae Mhaigh Eo agus chaith sé tamall fada mar shagart paróiste Inis Meáin. Scríobh sé *Súil le Muir* (1983) agus *AD 2011* (1988).

Rugadh **Alan Titley** (1947–) i gCorcaigh agus tá sé ina cheann ar Roinn na Gaeilge i gColáiste Phádraig, Droim Conrach. Léirmheastóir agus scríbhneoir is ea é a scríobh na húrscéalta *Méirscrí na Treibhe* (1978), *Stiall Fhiall Feola* (1980), *An Fear Dána* (1993), cnuasach gearrscéalta, *Eiriceachtaí agus Scéalta Eile* (1987), agus saothar léirmheastóireachta, *An tÚrscéal Gaeilge* (1991).

Rugadh **Séamas Mac Annaidh** (1961–) i mBaile Átha Cliath. Scríobh sé na húrscéalta *Cuaifeach Mo Lon Dubh Buí* (1983), *Mo Dhá Mhicí* (1986), *Rubble na Mickies* (1990), agus cnuasach gearrscéalta, *Féirín, Scéalta agus Eile* (1992).

Rugadh **Ciarán Ó Coigligh** (1952–) i mBaile Átha Cliath agus tá sé ina léachtóir le Gaeilge i gColáiste Phádraig, Droim Conrach. Léirmheastóir, scríbhneoir agus file is ea é a scríobh *Duibhlinn* (1991) agus *An Troigh ar an Tairne agus Scéalta Eile* (1991).

Rugadh **Seán Mac Mathúna** (1937–) i dTrá Lí. Gearrscéalaí cumasach is ea é a scríobh an cnuasach gearrscéalta *Ding agus Scéalta Eile*.

Drámaíocht na Gaeilge

Ba í an drámaíocht an ghné ba laige de litríocht na Gaeilge ó thosach, agus tá fós. Ó thús na hAthbheochana anuas tá na céadta dráma scríofa, ach is beag is fiú an chuid is mó acu. Nuair a thuigtear na deacrachtaí a bhaineann le drámaíocht an Bhéarla a chothú is léir cén fáth nár tháinig drámaíocht na Gaeilge faoi bhláth riamh.

Fadhbanna a bhaineann le drámaíocht na Gaeilge

Bíonn an drámaíocht ghairmiúil ag brath ar mhuintir na gcathracha mar lucht féachana, ach is beag Gaeilge a bhíonn ag na daoine a ghnáthaíonn an amharclann sna cathracha. Freisin, ní raibh ó thús amharclann lán-Ghaelach ghairmiúil ann a mhair, ná compántas aisteoirí lánaimseartha. Chun an scéal a dhéanamh níos measa bhí ganntanas drámadóirí ann riamh chun bundrámaí fiúntacha a chur ar fáil i nGaeilge. D'fhág sin go raibh drámaíocht na Gaeilge ag brath go mór ar dhrámaí iasachta a aistríodh go Gaeilge.

An drámaíocht agus lucht na hAthbheochana

Ag tús an chéid bhí daoine ann a thuig tábhacht an dráma mar chuid d'athbheochan na Gaeilge. Ba léir dóibh go raibh athbheochan litríocht an Bhéarla ag brath go mór ar an drámaíocht, agus chuir siad chuige drámaí Gaeilge a sholáthar. Ní raibh, ar ndóigh, drámaí á scríobh sa Ghaeilge go dtí ré na hAthbheochana, agus léiríonn iarrachtaí scríbhneoirí na hAthbheochana—Ó Duinnín, Ó Laoire, Mac Piarais, de Híde, srl.—gur bheag de mhianach an drámadóra a bhí in aon duine acu. Is dócha gurbh é spiorad an náisiúnachais ba chúis leis an bhfáilte a cuireadh roimh *Casadh an tSúgáin* (1901), dráma gearr le Dúghlas de Híde, a léirigh an Irish Literary Theatre, a bhí faoi stiúradh **W. B. Yeats** agus **Augusta Gregory**.

Piaras Béaslaí

Is éachtach an obair a rinne **Piaras Béaslaí** chun drámaíocht na Gaeilge a chur chun cinn le linn ré na hAthbheochana. Bhunaigh sé compántas drámaíochta i mBaile Átha Cliath, agus scríobh sé drámaí ar ghlac sé féin páirt iontu.

Taibhdhearc na Gaillimhe

Bunaíodh Taibhdhearc na Gaillimhe sa bhliain 1928. Bhí baint mhór ag Liam Ó Briain le bunú na hamharclainne sin agus le drámaíocht na Gaeilge ar feadh a shaoil. Is sa Taibhdhearc a cothaíodh suim san aisteoireacht i Máirtín Ó Direáin, agus is inti a céadléiríodh *Diarmaid agus Gráinne* (1928), dráma den chéad scoth le **Micheál Mac Liammóir**. Fad a bhí **Walter Macken** i bhfeighil na hamharclainne sna daichidí thug sé tacaíocht mhór do dhrámadóirí na Gaeilge.

Oireachtas na Gaeilge agus na drámadóirí

Athbhunaíodh Oireachtas na Gaeilge sa bhliain 1939, agus spreag na comórtais liteartha drámadóirí chun scríofa. Orthu sin a sholáthair drámaí bhí **Mairéad Ní Ghráda**, **Eoghan Ó Tuairisc**, **Críostóir Ó Floinn**, **Seán Ó Tuama**, agus **Diarmuid Ó Súilleabháin**. Caithfear a rá, áfach, gur iomaí dráma iasachta a aistríodh don stáitse cheal bundrámaí éifeachtacha i nGaeilge.

Amharclann an Damer

Nuair a bunaíodh Amharclann an Damer i mBaile Átha Cliath sa bhliain 1955 chuir sí roimpi bundrámaí Gaeilge a léiriú. Ba í an amharclann seo a chéadléirigh *An Giall* (1957) le **Brendan Behan** agus *An Triail* (1964) le Mairéad Ní Ghráda.

Amharclann na Mainistreach

Bhí **Ernest Blythe** i bhfeighil na hamharclainne seo ó 1939 go 1969. Cé go gcuireadh sé drámaí Gaeilge ar an stáitse tar éis an phríomhdhráma i mBéarla, ba dheacair lucht féachana a mhealladh. Nuair a osclaíodh an Phéacóg mar chuid d'Amharclann na Mainistreach i 1967, bheartaigh sí roinnt mhaith bundrámaí Gaeilge a léiriú. Níor éirigh go maith leis an iarracht seo ach oiread.

Amharclann de Híde

Cuireadh Amharclann de Híde ar bun sa bhliain 1993. Is amharclann lán-Ghaelach í, agus tá drámaí le **Liam Ó Muirthile** agus drámadóirí eile na linne seo léirithe aici in Amharclann na Péacóige agus i dTaibhdhearc na Gaillimhe. Is dul chun cinn mór é seo ó thaobh scéal na drámaíochta Gaeilge de.

An drámaíocht sa todhchaí

Bíodh go ndéanann Conradh na Gaeilge agus eagraíochta éagsúla eile a gcion féin ar son na drámaíochta, tá géarghá le polasaí cuimsitheach, le tacaíocht airgeadais, agus le drámadóirí cumasacha. Ar ndóigh, is cúis dóchais an bealach teilifíse Gaelach atá á chur ar bun faoi láthair. Is cinnte go gcuirfidh sé sin borradh faoi dhrámaíocht na Gaeilge.

14
Filí na Linne Seo

Is 'litríocht phoiblí' a scríobhadh in Éirinn anuas go dtí gur chuaigh sí in éag sa naoú haois déag. Litríocht oibiachtúil atá inti, a thugann léargas ar shaol sóisialta agus polaitiúil na tíre ag am áirithe a scríofa.

Litríocht na hAthbheochana

Bhí dhá aidhm ag lucht na hAthbheochana, mar atá, an Ghaeilge agus an traidisiún a chaomhnú agus nualitríocht a chur ar fáil. Caithfear a rá nach raibh an dara aidhm ag teacht leis an gcéad cheann. Má fhágtar as an áireamh beagán eisceachtaí, d'fhéadfaí a rá gur mhó le scríbhneoirí na hAthbheochana an Ghaeilge ar a son féin. Níor chuir siad rompu litríocht nua-aoiseach a chruthú ach litríocht a chuirfeadh leis an iarracht an teanga agus an traidisiún a chaomhnú.

Filíocht an Phiarsaigh

Má ghlactar leis gurb é atá go bunúsach i litríocht nua-aoiseach ná machnamh neamhspleách an duine i leith féin agus i leith an tsaoil, caithfear tús áite a thabhairt do **Phádraig Mac Piarais** (1879-1916). Ba é an chéad duine a scríobh filíocht phríobháideach shuibiachtúil ina bhfeictear iniúchadh inmheánach an duine aonair. Tá ina chuid filíochta an coimhthíos agus an t-uaigneas a shamhlaítear le litríocht nua-aoiseach. Ach ba bheag a scríobh sé (féach lch 45).

Liam Gógan

Tá tagairt tuillte ag **Liam Gógan** (1891-1979), a rugadh i mBaile Átha Cliath agus a d'oibrigh in Ardmhúsaem na hÉireann ó 1914 go dtí 1957. Ní hamháin gur ghlac sé páirt mhór i ngluaiseacht na hAthbheochana ach bhí sé ag scríobh ón aimsir sin go dtí le gairid. Tháinig forbairt ar a chuid litríochta i rith na tréimhse sin, agus is stíl shoiléir ghonta a chleacht sé, a lig dó íomhánna cruinne a chruthú. Bhí sé ina phríomhchuntóir don Athair Ó Duinnín agus a fhoclóir cáiliúil á ullmhú aige. Thug an obair sin stór mór focal dó, agus ba chabhair mhór é sin dó sainstíl dá chuid féin a chruthú. Ní dócha go raibh sé róshásta le cúrsaí na hÉireann tar éis di a saoirse a bhaint amach. I ndán leis, 'Liobharn Stáit', léiríonn sé go fáthchiallach stát mí-éifeachtach ag dul ar aghaidh gan aidhm ar bith. Nuair a chuimhnítear ar an obair a rinne sé féin chun cúis na Gaeilge agus an náisiúnachais a chur chun cinn is furasta a thuiscint cén fáth a mbíodh sé lagbhríoch i dtaobh staid na tíre. Pé scéal é, threabh sé a ghort féin agus ba cheannródaí é a réitigh an bealach do na mórfhilí a tháinig ina dhiaidh.

Tionchar litríocht na hEorpa
Is sna daichidí a tháinig litríocht nua-aoiseach Ghaeilge chun cinn tar éis do smaointeoireacht litríocht na hEorpa agus fiú litríocht Bhéarla na hÉireann dul i bhfeidhm uirthi. Ar ndóigh, is litríocht shuibiachtúil í litríocht chruthaitheach nua-aoiseach na hEorpa. An dearcadh aonair a bhíonn i gceist inti. Léirítear gníomhú intinn an duine agus é i mbun machnaimh ar a chás féin, ag iarraidh teacht ar réiteach i leith féin agus i leith na beatha.

An fhilíocht ó 1940 go dtí 1970
Faoi láthair tá litríocht den chéad scoth á scríobh i nGaeilge. Is cuid mhór den litríocht sin an fhilíocht, ina mbíonn an file ag iarraidh teacht air féin mar dhuine agus ar mhíniú na beatha mar a bhaineann sí leis. Pléann an file nua-aimseartha le téamaí uilíocha ar bhealach comhaimseartha, agus trí scríobh na filíochta tagann sé ar thuiscint air féin agus ar a áit féin sa saol seo. Mar a deir Seán Ó Ríordáin sa dán 'Sos',
> Cumfad féin de bhriathra
> Scáthán véarsaí anocht,
> As a labharfad aghaidh scoraíochtach
> A mhalartóidh liom faoistin,
> Is gheobhaidh ansin mo shos.

Tháinig borradh mór faoin bhfilíocht ó na daichidí anuas, a bhuíochas sin do Mháirtín Ó Direáin, do Sheán Ó Ríordáin, agus do Mháire Mhac an tSaoi.

Seán Ó Ríordáin
Rugadh **Seán Ó Ríordáin** (1916–77) i mBaile Bhuirne, Contae Chorcaí, agus is é mórfhile na linne é. Bhí sé breoite ar feadh a

shaoil, agus bhí tionchar mór aige sin ar a chuid filíochta. Ba dhuine cráite é a mhothaigh go raibh saol naimhdeach thart timpeall air ag síorbhagairt air. Bhraith sé é féin ina aonarán a bhí deighilte amach ó shaol a bhí ag síorathrú. Feictear an eagla, an coimhthíos agus an chíor thuathail go láidir ina chuid litríochta. Is minic a bhíonn tagairt ina dhánta do stoirmeacha, don dorchacht, do shoilse á múchadh, agus don bhás. File fíorintleachtúil ba ea é a bhíodh de shíor ag iarraidh a fhealsúnacht féin a chur in eagar agus friotal a chur uirthi.

Bíonn a shainfhocail féin á n-úsáid aige, agus cuireann sé a shainmhíniú féin ar ghnáthfhocail chun é féin a chur in iúl. Mar shampla, nuair a úsáideann sé an focal 'amuigh' ciallaíonn sé go bhfuil sé deighilte amach ón saol nó ón ngnáthphobal. I ndán leis cumann sé an briathar 'Ríordáineoinn' chun a chur in iúl go bhfuil socraithe aige a eagar féin a chur ar chúrsaí. Is minic freisin a úsáideann sé comhfhocail mar 'scillingsmaointe', 'macrud', srl. Is file é a bhfuil sainchomharthaí litríocht nua-aoiseach na hEorpa le feiceáil go soiléir ina shaothar. Tá sé le tuiscint óna dhánta go raibh grá mór aige do mhuintir Dhún Chaoin. Dar leis, bhí seasmhacht ag baint leis an saol traidisiúnta, rud nach raibh aige ina shaol féin. Ina dhánta deireanacha tá sé soiléir go bhfuil sé tagtha ar réiteach de shórt éigin i leith an tsaoil agus a áite féin ann. Níl aon amhras ach go raibh tionchar mór aige ar fhilí na glúine seo.

Scríobh an Ríordánach na cnuasaigh dánta *Eirbeall Spideoige* (1952), *Brosna* (1964), *Línte Limbo* (1976), agus *Tar Éis Mo Bháis* (1978), agus i gcumann leis an Athair Seán Ó Conghaile chuir sé Gaeilge nua-aimseartha ar sheandánta in *Rí na nUile* (1964).

Máirtín Ó Direáin

Is duine de mhórfhilí an chéid seo **Máirtín Ó Direáin** (1910–88). Rugadh é in Árainn, agus fuair sé post in Ardoifig an Phoist i nGaillimh nuair a bhí sé sna déaga. Bhí suim mhór aige san aisteoireacht riamh, agus bhí baint aige le Taibhdhearc na Gaillimhe. Sa bhliain 1937 chuaigh sé go Baile Átha Cliath agus d'oibrigh sé sa Roinn Oideachais.

Dar leis an Direánach bhí an fhilíocht ina thimpeall agus é ag fás aníos. Bhí sí le cloisteáil i ngach fuaim ina oileán dúchais. Thar aon rud eile bhí sí le cloisteáil i gcaint a mhuintire. Saol fiúntach cuideachtúil a bhí san oileán, agus chuaigh luachanna traidisiúnta an phobail, mar a thuig sé féin iad, i bhfeidhm go mór air.

Mhothaigh an Direánach go raibh an coimhthíos agus an t-uaigneas ag baint le saol na cathrach. Is minic ina dhánta tosaigh a chuireann sé an saol seo i gcomparáid le saol suaimhneach an oileáin. Ar ndóigh is mar bhuachaill a chuaigh an t-oileán i gcion ar a shamhlaíocht, agus bhí an pictiúr sin den oileán agus dá mhuintir ina chuimhne go deo. Chuir na hathruithe a tháinig ar an oileán le himeacht aimsire brón air. Bhí na daoine óga ag tréigean an oileáin agus na seandaoine a raibh an dúchas acu ag fáil bháis. I ndán leis, *Deireadh Ré,* ina dtugann sé cuairt ar an oileán, deir sé go bhfuil sé mar Oisín i ndiaidh na Féinne. Sna dánta deireanacha leis is aisling é an t-oileán, nó sainchomhartha, a bhfuil an t-ionracas ag baint leis. Is é an t-ionracas seo a shlat tomhais, agus is minic a chaoineann sé easpa ionracais sa phobal.

Ó thaobh meadarachtaí de bhí sé an-triallach ar fad, mar sheachain sé ar fad an traidisiún. Chleacht sé saorvéarsaíocht a bhí bunaithe ar rithim ghnáthchaint na ndaoine.

Is iomaí cnuasach dánta leis a foilsíodh ón mbliain 1942 go dtí le déanaí, ach tá a shaothar iomlán le fáil in *Dánta, 1939–1979* (1980).

Máire Mhac an tSaoi

Rugadh **Máire Mhac an tSaoi** (1922–) i mBaile Átha Cliath. Ba uncail di an scoláire Gaeilge agus teangeolaí Monsignor Pádraig de Brún, agus fuair sí a bunscolaíocht i nDún Chaoin, mar a chaitheadh sí a saoire shamhraidh ar feadh na mblianta ina dhiaidh sin. Is scoláire Gaeilge í a bhfuil tuiscint dhomhain aici ar sheanlitríocht na Gaeilge agus ar an traidisiún dúchasach. Tá tionchar an traidisiúin go láidir ar a cuid litríochta, go mór mór ó thaobh ábhair agus téamaí de, ach cuireann sí a cruth comhaimseartha féin uirthi. Áirítear í ar fhilí móra Gaeilge na linne seo. Is iad na cnuasaigh atá againn uaithi ná *Margadh na Saoire* (1956), *Codladh an Ghaiscígh agus Véarsaí Eile* (1973), agus *An Galar Dubhach* (1980).

Filí eile

Thug na mórfhilí thuasluaite, athbhunú comórtais Oireachtas na Gaeilge agus bunú an iris *Comhar* (1942) spreagadh d'fhilí eile.

Orthu sin bhí **Caoimhín Ó Conghaile** (1912–79), a rugadh i mBaile Átha Cliath. Dúirt sé tráth gurbh iad na smaointe éagsúla a rith leis a spreag é chun dán a scríobh. Mar shampla, scríobh sé 'An tOileán Tréigthe' tar éis dó a bheith ag féachaint ó Dhún Chaoin amach ar an mBlascaod Mór agus a fhios aige nach raibh duine ná deoraí san oileán cáiliúil sin. Foilsíodh na cnuasaigh *Dánta* (1964) agus *Báidíní Páipéir* (1971) leis.

Rugadh **Seán Mac Fheorais** (1915–84) i mBaile Átha Í, Contae Chill Dara. Is iomaí duais Oireachtais a bhuaigh sé. Léirítear an grá don dúlra ina chuid filíochta, agus bhí an-léitheoireacht déanta aige ar shaothar na léirmheastóirí, a spreag suim mhór ann i gceardaíocht na filíochta. D'fhoilsigh sé na cnuasaigh *Gearrcaigh na hOíche* (1954) agus *Léargas: Dánta Fada* (1964).

Sna seascaidí bhí glúin nua d'fhilí i mbun oibre. Orthu sin bhí **Seán Ó hÉigeartaigh** (1931–), a rugadh sa Chóbh, Contae Chorcaí. Ina chuid filíochta bíonn sé ag iarraidh a dhearcadh féin ar chúrsaí a shoiléiriú. Eachtra a tharla dó nó smaoineamh a ritheann leis a chuireann ag machnamh é agus a spreagann é chun dán a scríobh. Foilsíodh an cnuasach *Cama-shiúlta* (1964) leis.

Rugadh **Art Ó Maolfabhail** (1932–) i Luimneach. Ina chuid filíochta machnaíonn sé ar dhearcadh an duine i leith an tsaoil agus cuireann a smaointeoireacht féin in iúl.

Rugadh **Caitlín Maude** (1941–82) i gConamara, agus chaith sí a saol i mbun múinteoireachta in áiteanna éagsúla. Tá tagairt tuillte aici ní hamháin mar fhile, mar aisteoir agus mar amhránaí ar an sean-nós ach mar shóisialaí a chaith a saol gearr ag troid ar son na Gaeilge agus ar son chearta sibhialta na Gaeltachta. Bhí sí ina dlúthchara do Mháirtín Ó Cadhain agus ar aon intinn leis faoi chúrsaí na tíre. Cheap sí go mba cheart don tsamhlaíocht amháin an fhilíocht a spreagadh. Tá a saothar filíochta le fáil in *Caitlín Maude: Dánta* (1984), a chuir Ciarán Ó Coigligh in eagar.

Rugadh **Seán Ó Leocháin** (1943–) i mBaile Átha Luain. Gnéithe beaga den saol ar a ndéanann sé machnamh a bhíonn mar ábhair aige ina shaothar. Is ina dhánta go léir curtha le chéile a thugann an file a dhearcadh ar an saol mar atá. Is léir gur file spioradálta é a mbíonn cruachás agus fulaingt an duine ina gcúram dó. Bíonn friotal simplí á úsáid aige a ligeann don ghnáthléitheoir é a thuiscint. Ar na cnuasaigh atá foilsithe aige tá *Bláth an Fhéir* (1968), *In Absentia* (1980), agus *Aithrí Thoirní* (1986).

Filí *Innti*: an fhilíocht ó 1970 i leith

Cloch mhíle i saothrú na filíochta ba ea bunú na hirise filíochta *Innti* sa bhliain 1970, agus thóg filíocht na Gaeilge céim eile ar aghaidh. San am sin ba iad Seán Ó Ríordáin, Máirtín Ó Direáin agus Máire Mhac an tSaoi na máistrí fós ach go raibh sainiúlacht ag baint lena saothar nár thug aitheantas do na hathruithe móra a bhí ag teacht ar shaol agus ar mheon mhuintir na hÉireann ó na seascaidí i leith. Na filí a luaitear le *Innti* ó thosach—**Michael Davitt, Nuala Ní Dhomhnaill, Liam Ó Muirthile**, agus **Gabriel Rosenstock**—d'fhreastail siad le chéile ar Choláiste na hOllscoile, Corcaigh. Fad a bhí siad sa choláiste tháinig siad faoi thionchar Sheáin Uí Ríordáin, a bhí ina aoi-léachtóir ann.

Chuir an tOllamh **Seán Ó Tuama**, file, léirmheastóir, agus scoláire mór Gaeilge, suim mhór iontu. Ghríosaigh sé chun iarrachta iad agus thug tacaíocht dóibh a gcuid filíochta a fhoilsiú. Ní raibh an Ghaeilge ag an gceathrar acu ó dhúchas ach ba mhinic i nDún Chaoin iad. Ba í réabhlóid shóisialta na seascaidí a spreag iad, agus chuaigh siad i ngleic go dána leis an saol nua a bhí ag teacht chun cinn in Éirinn. Chuir siad rompu iniúchadh a dhéanamh ar gach gné den saol nua-aimseartha, agus d'éirigh leo a sainfhriotal féin a chur ar a gcuid smaointeoireachta.

Foilsítear *Innti* go rialta, agus mar sin is ardán í a thugann deis d'fhilí a saothar a chur faoi bhráid an phobail. Is í an iris seo a chuir na filí **Cathal Ó Searcaigh, Biddy Jenkinson, Áine Ní Ghlinn** agus a lán eile nach iad in aithne don phobal ar dtús.

Le déanaí foilsítear cuid mhaith d'fhilíocht na Gaeilge le haistriúchán Béarla taobh léis. Tugann na leaganacha dá-theangacha deis don duine ar bheagán Gaeilge eolas a chur ar fhilíocht Ghaeilge na linne.

Is minic freisin a léann Nuala Ní Dhomhnaill agus filí eile a gcuid filíochta thar lear. Fágann sin go bhfuil eolas ar litríocht na Gaeilge i dtíortha eile agus go dtéann smaointeoireacht iasachta i bhfeidhm ar scríbhneoirí Gaeilge. Is cinnte go mbeidh litríocht chruthaitheach nua-aimseartha Ghaeilge á scríobh ar feadh i bhfad.